Grundinformation: Wahlen

GRUND-INFORMATION WAHLEN

Textbuch zum Medienpaket.
Herausgegeben im Auftrag der
Bundeszentrale für politische Bildung
Redaktion: Edmund Budrich

Springer Fachmedien Wiesbaden GmbH 1983

Verschiedene Abschnitte dieses Textbuches gehen zurück auf oder entsprechen Abschnitten der Veröffentlichungen: Andersen, Uwe/ Woyke, Wichard, Wahl '83, Opladen 1983 und Woyke, Wichard/ Udo Steffens, Stichwort Wahlen, Opladen 1981.

ISBN 978-3-322-95486-2   ISBN 978-3-322-95485-5 (eBook)
DOI 10.1007/978-3-322-95485-5

Inhalt

Vorbemerkung

Das Recht, zur Wahl zu gehen, ist eines der wichtigsten verfassungsmäßigen Rechte des Bürgers und — neben Abstimmungen — seine einzige Möglichkeit, *unmittelbar* am politischen Prozeß teilzunehmen. Das Wahlrecht erhält der Bürger mit seiner Volljährigkeit, es zeichnet ihn als Bürger aus.

Die politischen Wahlen in der Bundesrepublik gehören zwar zu den spektakulärsten innenpolitischen Geschehnissen, aber sicher auch zu denjenigen mit den problematischsten Erscheinungsformen. Ihre Wirkung auf den politisch erst noch zu motivierenden und zu bildenden, also meist jungen, Bürger kann bedenklich sein.

Die hier vorgelegte Medienkombination zur Einführung in das Thema „Wahlen" mit Schwerpunkt auf der Bundestagswahl verfolgt deshalb inhaltlich zwei Ziele:

Einerseits sollen die wichtigsten institutionellen und Verfahrensgrundlagen der Wahl vermittelt werden.

Andererseits sollen Denkanstöße gegeben werden, sich mit wesentlichen Elementen der Demokratie in der Bundesrepublik zu beschäftigen. Dabei ist zwar an keine curriculare Zwangsläufigkeit gedacht, aber eine von vielen möglichen Gedankenfolgen wäre etwa: Notwendigkeit von Herrschaft — demokratische Gestaltung von Herrschaft — Parteien und politische Willensbildung — Partizipation. Die verhältnismäßig breite Behandlung des Wahlkampfes mit kritischen Akzenten soll gerade diesen spektakulären Vorgang einer rationalen Diskussion zugänglich machen helfen.

Die Kombination dreier verschiedener Medien — Ton-Dia-Schau, Poster, Textbuch — greift unterschiedliche Bereiche des Gesamtthemas so auf, daß die Medien zu spezifischer Wirkung kommen:

Die Ton-Dia-Schau „Demokratie — Parteien — Wähler"

Die drei Themenbereiche werden in drei Abschnitten „im Plauderton" und mit einfachen Bildern angesprochen. Die Darstellung will zur Diskussion der Themen motivieren, indem die einzelnen Frage- und Problemstellungen mit schlichten Analogien und nicht mit haargenauer Sachinformation aufgegriffen werden. Ohne auf die Art des Einsatzes weiter Einfluß nehmen zu wollen, empfehlen wir doch, die drei Abschnitte nicht direkt nacheinander ablaufen zu lassen, sondern sie getrennt für sich vorzuführen. Andernfalls blieben wohl wenige Anstöße zur Vertiefung im Gedächtnis.

Das Poster „Bundestagswahl"

Das Poster gibt eine klare, also vereinfachte Übersicht über Regeln, Ablauf und Akteure der Bundestagswahl. Indem es in drei Blöcken die Wähler, den Wahlkampf und die Parteien nebeneinanderstellt, ermöglicht es, die wechselseitigen Zusammenhänge zwischen diesen Bereichen anzusprechen. Das Poster bietet damit eine Grundorientierung zur Einordnung von zu diskutierenden Einzelvorgängen und -gegenständen.

Das Textbuch „Grundinformation Wahlen"

Es enthält in knapper Form die wichtigsten formalen Informationen zum Wahlgeschehen — einschließlich des Textes des Bundeswahlgesetzes — und ist vor allem zum Nachschlagen bestimmt. Wer ausführlichere Information oder auch unterrichtlich aufbereitete Darstellungen sucht, findet dergleichen im Angebot der Verlage reichlich.

Die Medienkombination dieses „Paketes" ist also kein ausgetüfteltes curriculares Netzwerk, aber auch keine simple Addition. Die jeweils verschiedenen Bedingungen für den Einsatz müssen vom Einsetzer so wie für jedes andere Medium auch in Rechnung gestellt werden.

Edmund Budrich

Wahlen und Demokratie
Oder: Die Teilnahme am politischen Prozeß

„(1) Die Bundesrepublik Deutschland ist ein demokratischer und sozialer Bundesstaat.
(2) Alle Staatsgewalt geht vom Volke aus. Sie wird vom Volke in Wahlen und Abstimmungen und durch besondere Organe der Gesetzgebung, der vollziehenden Gewalt und der Rechtsprechung ausgeübt."
Grundgesetz für die Bundesrepublik Deutschland, Art. 20.

Abstimmungen und Wahlen

Mit Artikel 20, Satz 2 des Grundgesetzes ist die *Volkssouveränität* formuliert, die seit der Aufklärung Grundsatz demokratischer Staaten ist.

Diese Volkssouveränität äußert sich jedoch, wie der Grundgesetztext zeigt, nur in den Wahlen und Abstimmungen unmittelbar, d.h., nur hier hat der Bürger nach der Verfassung die Möglichkeit, direkt auf politische Entscheidungen einzuwirken bzw. sie herbeizuführen.

Mit der Wahl der Volksvertreter wird aber eben der Auftrag zum politischen Handeln im täglichen politischen Prozeß auf allen Ebenen an die Volksvertreter weitergegeben. Der Bürger kann zwar als Wähler bei den periodisch stattfindenden Wahlen sein Urteil über die Volksvertretungen revidieren oder auch bestätigen, aber er hat sie grundsätzlich bevollmächtigt, für die Dauer der Wahlperiode „in seinem Sinne" Politik „zu machen".

So bleiben zunächst die „Abstimmungen", die das Grundgesetz erwähnt, als weitere Möglichkeit direkter politischer Einflußnahme des Bürgers. Allerdings sind auch diese auf einen einzigen Fall begrenzt: Das Grundgesetz sieht in Artikel 29 die Möglichkeit für „Abstimmungen", nämlich für Volksentscheid, Volksbegehren, Volksbefragung für den Fall der Änderung von Ländergrenzen vor:

— *Volksentscheid:* Bestätigung gesetzlicher Maßnahmen zur Neugliederung des Bundesgebietes durch Volksentscheid.
— *Volksbegehren:* Einwohner bestimmter Gebiete können die Neuregelung ihrer Landeszugehörigkeit durch ein Volksbegehren erreichen.

— *Volksbefragung:* Die Volksbefragung soll feststellen, ob die vom Gesetz vorzuschlagende Neugliederung die Zustimmung der Betroffenen findet.

Es ist deshalb immer wieder gefragt worden, ob die Volkssouveränität nicht noch in anderer Weise, also mit verstärkten Einflußmöglichkeiten für den Bürger, realisiert werden könnte. Mit dieser Frage beschäftigte sich die „Enquete-Kommission Verfassungsreform des Deutschen Bundestages" vor einigen Jahren. Diskutiert wurde zum Beispiel die Ausdehnung von Volksbegehren, Volksentscheid und Volksbefragung auf weitere Themen sowie die Direktwahl des Bundespräsidenten. Die Kommission fand jedoch keine geeigneten Möglichkeiten.

Die grundsätzliche Diskussion über diese Problematik ist damit nicht abgeschlossen. Unaufhebbar bleiben die Widersprüche zwischen dem idealdemokratischen Postulat der Beteiligung möglichst aller am politischen Willensbildungsprozeß, und der Notwendigkeit, effizient zu Entscheidungen zu gelangen.

Wenn also die Möglichkeiten politischer Einflußnahme für das Volk in seiner Gesamtheit auf wenige markante Punkte begrenzt sind, so bleiben doch dem interessierten und engagierten Bürger wirkungsvolle Möglichkeiten der Beteiligung am politischen Prozeß. Dazu gehören:

Mitgliedschaft in einer Partei

In den Parteien sammeln sich Bürger mit gleichen bzw. verwandten politischen Interessen und Anschauungen. Die Parteien sind praktisch Träger der politischen Willensbildung. Wer sich also parteipolitisch engagiert, insbesondere, wer nicht nur Mitgliedsbeiträge zahlt, sondern sich am politischen Tagesgeschäft beteiligt, gewinnt dadurch Einflußmöglichkeiten, die von kommunalpolitischen Entscheidungen bis zur Aufstellung von Kandidaten für die Volksvertretungen reichen.

Wer mit dem Ziel des politischen Engagements in eine Partei eintritt, und zwar „an der Basis", also auf der lokalen Ebene, der wird sich im Prinzip mit drei Problemen auseinandersetzen müssen:

1. damit, seine verfügbare Zeit und sein Engagement auf einen tragfähigen Nenner zu bringen;
2. mit den in jeder Organisation bestehenden Macht- und Gruppenstrukturen klarzukommen. Die Forderung nach innerparteilicher Demokratie ist gerade gegenüber solchen Strukturen nicht schon dadurch gelöst, daß sie erhoben wird;

3. mit dem Konflikt zwischen dem politisch Wünschbaren und dem politisch Machbaren: Die Parteigeschichte der Bundesrepublik ist reich an Beispielen für Auseinandersetzungen zwischen einer Parteibasis, die bestimmte politische und soziale Forderungen vertritt, und ihrer Parteiführung, die diesen Forderungen mit Rücksicht auf etwa einen Koalitionspartner oder sonstige Faktoren der politischen Großwetterlage nicht entsprechen kann.

Mitgliedschaft in Interessenverbänden

Während zumindest die großen Parteien sich zu sogenannten „Volksparteien" entwickelt haben und gesellschaftliche Anliegen in ihre Zielsetzungen einbezogen haben, die weit über die Interessen einzelner Gruppen hinausgehen, existieren daneben zahlreiche Organisationen, in denen sich Bürger zusammengeschlossen haben, die ein ganz spezifisches Interesse verbindet. Diese reichen von den Haus- und Grundbesitzern bis zu den Gewerkschaften, von Jugend- und Sportverbänden bis zu den „Grauen Panthern", einer bekannten Organisation älterer Menschen. Die Intensität solcher Interessengruppen liegt gerade darin, daß sie auf eine Vielzahl von Zielen verzichten und sich auf die Verfolgung eines einzigen, des Gruppenziels konzentrieren. Die Aktions- und damit die Einflußmöglichkeiten dieser Interessengruppen sind unterschiedlich groß und hängen von inhaltlichen und materiellen Faktoren ab. Ihr Ziel ist es grundsätzlich, das Gruppeninteresse politisch durchzusetzen. Manche Gruppen gehen zu diesem Zweck an die Öffentlichkeit, andere gehen direkt auf die Politiker zu. Zahlreiche, wirtschaftlich sehr kräftige Interessengruppen setzen mit ihrer Tätigkeit direkt bei der Regierung an, wo sie versuchen, mit ihrer legalen Lobby Einfluß auf die Gesetzgebung zu nehmen. Die Unterstützung eines Interessenverbandes ist das legitime Recht jedes Bürgers, der auf diese Weise versuchen kann, zu seinen eigenen Gunsten auf politische Entscheidungen Einfluß zu nehmen.

Der politisch mündige Bürger wird folgerichtiger Weise seine Entscheidung bei der Wahl zu einer Volksvertretung im engen Zusammenhang zu seiner Interessenlage sehen.

Mitgliedschaft in Bürgerinitiativen

Wenn in einer städtischen Straße Dutzende stattlicher, gesunder Linden gefällt werden sollen, dann ist dies aus der Sicht der veranlassenden Verwaltung eine Maßnahme auf der Grundlage von Planungsentscheidungen; aus der Sicht der politischen Parteien am Ort vielleicht im Prinzip bedauerlich; aus der Sicht von Interessenverbänden kaum ein Thema; aber aus der Sicht der Anwohner der Straße ein großer, schmerzlicher Verlust.

Was kann geschehen? Es kann eine Bürgerinitiative gegründet werden, die alle Möglichkeiten der Öffentlichkeitsarbeit, der Politikerbeeinflussung einsetzt, um die Abholzung zu verhindern.

Bürgerinitiativen sind dadurch charakterisiert, daß sie sich – meist auf lokaler Ebene – mit Problemen beschäftigen, die ohne ihr Engagement durch das in diesem Fall zu lockere Netz der organisierten Interessen fallen würden. Die Existenz von Bürgerinitiativen zeigt, daß das repräsentative System Schwächen aufweist, wenn es darum geht, tatsächlich die Nöte und Probleme der Bürger voll wahrzunehmen und zu vertreten. Zugleich sind sie eine lebendige Aufforderung an das System, sich stärker darum zu bemühen.

„...so stellen Bürgerinitiativen auch keine 'Gefahr' für das politische System dar, (sie) sind in das System integriert. Sie stehen auch nicht nur für das plebiszitäre Element, sondern durch die auch von ihrem Wirken wesentlich beeinflußte weitere Ausgestaltung der Spielregeln dieses Systems haben sie sogar zur Stabilisierung des repräsentativen Systems und zur Wiederbelebung repräsentativer Strukturen beigetragen..." (Nickolmann, in: Demokratie als Teilhabe, Köln 1981).

Nicht jede Partei ist demokratisch, nicht jedes Interesse ist legitim, und nicht jede Bürgerinitiative ist das Salz in der Suppe der repräsentativen Demokratie. Wer sich in einer Bürgerinitiative engagiert, wird ebenso prüfen, wofür er sich engagiert und mit wem er sich einläßt, wie bei dem Eintritt in irgendeine andere Gruppe.

Ohne Organisation

„Jedermann hat das Recht, sich einzeln oder in Gemeinschaft mit anderen schriftlich mit Bitten oder Beschwerden an die zuständigen Stellen und an die Volksvertretung zu wenden."
(Grundgesetz, Artikel 17 – Petitionsrecht).

Der Bürger kann also – und sollte sich nicht fürchten, es zu tun – als Einzelkämpfer für seine Rechte und Interessen eintreten. Allerdings ist es unerläßlich, daß er weiß, wie er vorzugehen hat. Auch hierin liegt ein Vorteil von Bürgerinitiativen, die sich in aller Regel gewitzten juristischen Beistand verschaffen.

Über die Petition hinaus steht es jedem frei, sich an die Öffentlichkeit, also an die Massenmedien zu wenden, auch an die Politiker — etwa an den Abgeordneten im Wahlkreis —, um Probleme in die Diskussion zu bringen.

Auch hier wieder ist es eine Frage der Effektivität, ob man es wirklich allein versuchen will.

Funktionen von Wahlen für die Parlamentarische Demokratie

Für eine Demokratie wie die Bundesrepublik Deutschland haben Wahlen insbesondere folgende Funktionen:

— *Legitimation* (der Regierenden)
— *Kontrolle* (der Regierung durch das Parlament, in dem auch die Opposition vertreten ist)
— *Konkurrenz* (zwischen Regierung und Opposition)
— *Repräsentation/Integration* (Integration von Wählern und ihren gewählten Repräsentanten).

Legitimation der Regierenden

In der Wahl der *Abgeordneten* des Deutschen Bundestages, die wiederum den Bundeskanzler wählen, kommt der Wille der Wähler zum Ausdruck. Die Parlamentsabgeordneten erhalten durch die Wahl ihre Legitimation für ihr politisches Handeln.

Zwar erhält der *Bundestag* in seiner Gesamtheit durch die Wahl die Legitimation, das deutsche Volk zu repräsentieren, doch ist die *Mehrheit* für einen zeitlich begrenzten Abschnitt, eine *Legislaturperiode,* zur Machtausübung berufen. Die *Regierung* wird von der Mehrheit des Parlaments getragen. Regierung und Parlamentsmehrheit bilden eine politische Einheit, der — geschlossen oder in Gestalt mehrerer Fraktionen — die Opposition gegenübersteht.

Solange die Mehrheit regiert, übernimmt (-nehmen) die bei der Wahl unterlegene(n) Partei(en) die Rolle der parlamentarischen Opposition. Diese ist nach den Regeln der parlamentarischen Demokratie gehalten, die von der Mehrheit getragene Regierung als legitim anzuerkennen. Das setzt wiederum voraus, daß auch die Regierung und die sie tragende(n) Partei(en) nicht nur die formalen Rechte der Minderheit achten, sondern auch auf ihre Interessen Rücksicht nehmen. Die Opposition muß eine realistische Chance haben, die Regierung abzulösen, indem sie sich den Wählern als reale personelle und sachliche Alternative darstellt.

Kontrolle

Die Kontrolle der Regierung im klassischen Parlamentarismus wurde vom Parlament als Einheit gegenüber der Regierung ausgeübt wie es auch heute noch in den alten Parlamenten mit der Anordnung der Regierungs- und Parlamentsbänke sichtbar wird. Aufgrund der Entwicklung des parlamentarischen Systems zum durch Parteien gesteuerten Parteistaat ist die Funktion der Kontrolle in der Zeit zwischen den Wahlen vor allem auf die parlamentarische Opposition übergegangen. Faktor der Kontrolle kann sie jedoch nur werden, wenn ihre Kritik Widerhall bei den Wählern findet und die Regierungsmehrheit aus Sorge vor Wahlniederlagen die kritisierten Maßnahmen unterläßt.

Der Wähler erhält die Möglichkeit zur Machtkontrolle unmittelbar am Wahltag, d.h., periodisch zu bestimmten Zeiten und auf verschiedenen Ebenen (Bundestags-, Landtags-, Kommunal- und zum Teil Bürgermeisterwahl und Europawahl). Durch Abwahl oder Bestätigung oder Neuwahl von Amts- und Mandatsträgern fällt der Wähler sein Urteil über die Politik von Regierung und Opposition. Periodisch wiederkehrende Wahlen ermöglichen dem Wähler, seine einmal gefällte Wahlentscheidung entweder zu bestätigen — oder sie zu korrigieren, falls er von der Opposition eine bessere Politik erwartet. Wenngleich die Einzelstimme des Wählers kaum oder nur in seltensten Fällen diese Kontrollfunktion aussagekräftig zeigen kann, so wird doch die Wählerschaft als Ganzes zum entscheidenden Faktor der politischen Globalkontrolle.

Konkurrenz

Im parlamentarischen Regierungssystem hat der Wähler die Auswahl zwischen verschiedenen politischen Führungsgruppen und Sachprogrammen; unterschiedliche politische Parteien bieten unterschiedliche Programme an. Theoretisch könnte man daraus folgern: je mehr Parteien, desto mehr Programme, desto mehr Wählereinfluß. Die Notwendigkeit jedoch, eine parlamentarische *Mehrheit* zu finden, führt zu großen, alle sozialen Schichten umfassenden *Volksparteien,* die sich nicht auf die Vertretung von Interessen einzelner kleiner Gruppen beschränken können. Dadurch, daß nun weniger Parteien existieren, kommt der Wählerstimme erheblich mehr Gewicht zu, weil sie für eine (leistungs-) starke Regierung bzw. starke Opposition abgegeben wird.

Bei der Wahl einer Partei, die kaum Aussicht hat, in das Parlament zu kommen, weil für sie z.B. eine Sperrklausel ein unüberwindliches Hindernis bedeutet, ist der Wählereinfluß auf bloßen Protest gegen das Parteiensystem reduziert und kommt deshalb nicht selten gerade den von diesen Wählern am meisten bekämpften Parteien entgegen.

Repräsentation/Integration

Besonders im parlamentarischen System erfüllt die Wahl eine Repräsentations- und Integrationsfunktion. Hier zeigt sich, wie weit eine Identität zwischen Regierten und Regierenden bzw. Mandatsträgern besteht. Bereits die Höhe der *Wahlbeteiligung*, die auf Freiwilligkeit beruht, kann aussagekräftige Ergebnisse über die Integrationsfunktion liefern. Das setzt allerdings voraus, daß der Wähler politisch informiert ist und zwischen unterschiedlichen personellen und sachlichen Angeboten unterscheiden kann. Eine Wahlbeteiligung von ca. 88%, wie sie bei allen bisherigen Bundestagswahlen im Durchschnitt erreicht wurde, zeigt die gelungene Integration bzw. die Anerkennung des repräsentativen Systems.

Parteien – Wahlen – Demokratie

„**Parteien**: Zusammenschluß von Bürgern aufgrund von gemeinsamen Interessen und gemeinsamen politischen Vorstellungen über die staatliche Ordnung. Ziel der politischen Parteien ist die Übernahme der Herrschaft im Staat, allein oder in Koalition mit anderen Parteien. In repräsentativen Demokratien besitzen die Parteien ein faktisches Monopol in der Kandidatenaufstellung zu Parlamentswahlen auf allen Ebenen, sie bestimmen über die Fraktionen die Regierungen und entsenden in viele Institutionen ihre Vertreter. Der Bedeutung der Parteien in modernen Staaten entspricht die Bezeichnung Parteienstaat und die Forderung nach innerparteilicher Demokratie als Voraussetzung der Demokratie im Staat."
(Gesellschaft und Staat. Lexikon der Politik. Baden-Baden. [5] 1979)

Das Grundgesetz sagt in Artikel 21: „Die Parteien wirken bei der politischen Willensbildung des Volkes mit."

Daß aus dieser *Mit*wirkung praktisch die Trägerschaft der politischen Willensbildung geworden ist, wird vom Bundesverfassungsgericht, dem obersten Interpreten des Grundgesetzes festgestellt, indem es formuliert, daß „in der Demokratie von heute allein die Parteien die Möglichkeit haben, die Wähler zu politisch aktionsfähigen Gruppen zusammenzuschließen. Sie erscheinen geradezu als Sprachrohr, dessen sich das mündig gewordene Volk bedient, um sich artikuliert zu äußern und politische Entscheidungen fällen zu können."

Das faktische Monopol der Parteien zur Kandidatenaufstellung

Vereinigungen gelten nur dann als „Parteien", im Sinne des Parteiengesetzes, wenn sie „an der Vertretung des Volkes im Deutschen Bundestag oder einem Landtag mitwirken wollen."

Lediglich auf der kommunalen Ebene (Gemeinderat, Stadtrat, Kreistag) können *Wählervereinigungen* auftreten und sich zur Wahl stellen.

Theoretisch hat auch ein *Einzelbewerber* die Möglichkeit, sich sogar um ein Bundestagsmandat zu bewerben. Dafür braucht er allerdings ein *Quorum* von 200 Wahlberechtigten, das bedeutet, daß 200 wahlberechtigte Bürger den Bewerber für einen Wahlkreis vorschlagen und diesen Vorschlag persönlich unterzeichnen müssen. Daß ein solcher Wahlvorschlag zustandekommt, ist praktisch noch vorstellbar. Weniger allerdings, daß es diesem Bewerber gelingt, eine Stimmenmehrheit zu erreichen.

Und schließlich: Wenn das Unwahrscheinliche gelänge –, was wollte dieser Einzelne im Bundestag?!

Dies ist also das faktische Monopol der Parteien zur Kandidatenaufstellung und damit zugleich auch das Monopol, in Parlament und Regierung politische Entscheidungen zu treffen.

Interessenvertretung durch Parteien

Die von den Parteien wahrgenommene Interessenvertretung für bestimmte gesellschaftliche Gruppierungen erscheint in der oben wiedergegebenen Formulierung des Bundesverfassungsgerichts als das Ergebnis der politischen Mündigkeit des Volkes. Umgekehrt wäre zu folgern, daß nur, wer sich mit Hilfe der Parteien artikuliert äußert, auch politisch mündig sei.

Es gibt aber Gruppen in der Gesellschaft, die sich nicht oder nur sehr schwer „artikuliert äußern" können: Alte Menschen, Kinder, Behinderte, Ausländer. Und wie gut oder nicht gut das Ausdrucksvermögen Erwachsener ist, die nach dem Verlassen der Hauptschule ohne Berufsausbildung blieben und seitdem allenfalls als Hilfsarbeiter tätig gewesen sind, sei dahingestellt. Aus alldem folgt, daß es auch die Aufgabe der Parteien ist, die Interessen derjenigen in der Gesellschaft mitzuvertreten, die nicht in der Lage sind, ihre Interessen selbst geltend zu machen.

Innerparteiliche Demokratie

Aus der politischen Monopolstellung der Parteien folgt auch die Notwendigkeit, daß die Parteien in sich demokratisch verfaßt sein müssen und daß Entscheidungen innerhalb der Parteien auf demokratische Weise zustandekommen müssen.

Ein wichtiger Anwendungsbereich der innerparteilichen Demokratie ist die Kandidatenaufstellung in den Parteien zur Wahl von Volksvertretungen. Das Parteiengesetz schreibt hierfür geheime Abstimmung vor, und es existieren weitergehende Vorschriften in den Wahlgesetzen der Bundesländer. Es bleibt den Parteien aber ein relativ großer Spielraum zur Regelung dieser Auswahlprozesse im einzelnen. Die folgende knappe Darstellung (aus: Andersen/Woyke, Wahl '83. Opladen 1983) zeigt, daß auch bei der Kandidatenaufstellung innerparteiliche Demokratie sich nicht ohne Schwierigkeiten praktizieren läßt.

Kandidatenaufstellung

Wenn sich dem Wähler am Wahltag mehrere Kandidaten verschiedener Parteien zur Auswahl stellen, hat bereits mehrere Monate vorher in den Parteien eine intensive Auseinandersetzung über die Aufstellung dieser Kandidaten stattgefunden. Der Wähler hat somit nur die Wahl zwischen bereits ausgewählten Kandidaten.

Das *Parteiengesetz* von 1967 schreibt lediglich vor, daß die Bewerber zu Volksvertretungen in geheimer Abstimmung aufgestellt werden müssen. Die entsprechenden Wahlgesetze auf Bundes-, Länder- und kommunaler Ebene enthalten dann die genaueren Bestimmungen. Das bei der Bundestagswahl 1983 zur Anwendung kommende Wahlsystem unterscheidet zwischen zwei Bewerbungsformen:
— die Direktbewerbung in einem Wahlkreis bzw. Wahlbezirk
— die Bewerbung auf der Liste einer Partei oder Wählervereinigung.

Direktbewerbung

Direktbewerber einer Partei in einem Wahlkreis/Wahlbezirk werden von der Versammlung der darin wohnenden Parteimitglieder bestimmt. Grundsätzlich kann also jedes wahlberechtigte Parteimitglied darüber mitentscheiden. Da jedoch die Parteien z.B. in den großen Bundestagswahlkreisen in der Regel eine zu große Mitgliederzahl haben, werden oft Vertreterversammlungen (Wahlkreisdelegiertenkonferenzen) gebildet, um die Bestimmung der Bewerber vorzunehmen. Das Bundeswahlgesetz läßt darüber hinaus zu, daß in dem Fall, in dem eine Großstadt über mehrere Wahlkreise verfügt, die Direktbewerber einer Partei in einer gemeinsamen Delegiertenkonferenz aller Wahlkreise gewählt werden.

Die Delegiertenversammlungen setzen sich aus Vertretern der Ortsverbände zusammen, die die jeweilige Partei im Wahlkreis/Wahlbezirk der Bewerber unterhält. Diese Vertreter werden von den Mitgliedern des Ortsverbandes auf Hauptversammlungen gewählt. Die Direktbewerber werden von den Delegiertenversammlungen mit der

Mehrheit der Stimmen und (zumindest im ersten Wahlgang) in geheimer Abstimmung gewählt.

Weitere Detailregelungen zum Wahlverfahren sind in den Satzungen der regionalen Gliederungen der Parteien enthalten. Grundlegend dafür sind die Vorschriften des Bundeswahlgesetzes, dem die Kandidatenaufstellung unterliegt.

Listenbewerbung

Die Listenbewerber und die Reihenfolge der Bewerber auf den Listen werden von den Mitgliederversammlungen oder Vertreterversammlungen des Wahlgebietes/Bereichs für das/den die Liste vorgeschlagen werden soll, in geheimer Wahl bestimmt. Das Nähere regeln wieder die regionalen Satzungen der Parteien.

Parteimitglieder und Kandidatenaufstellung:
Probleme der innerparteilichen Demokratie

Die Kandidaten für Volksvertretungen werden nur in wenigen Fällen durch „Urwahlen" direkt von den Mitgliedern einer Partei bestimmt. Anstelle der Urwahl tritt die Wahl der Kandidaten in Vertreterversammlungen, deren Mitglieder von den Ortsverbänden delegiert werden. Der Wille der Parteimitglieder soll durch die Delegierten der Vertreterversammlungen repräsentiert werden. Dieser Wille ist jedoch für die Delegierten nicht formal bindend. Er ist es lediglich politisch insofern, als die Delegierten kaum mit einer erneuten Entsendung rechnen können, wenn sie die politische Auffassung ihrer Basis nicht auf der Versammlung vertreten.

Direktkandidaten – basisnah

Die Direktkandidaten eines Wahlkreises/Wahlbezirks stehen der Parteibasis grundsätzlich näher als die Kandidaten der Reservelisten, die ja meistens für das ganze Wahlgebiet bzw. sehr große Wahlbereiche (bei den Bundestagswahlen die Bundesländer) gelten. Auch wenn für die Bestimmung der Direktbewerber Vertreterversammlungen (Wahlkreisdelegiertenkonferenzen) gebildet werden, ist davon auszugehen, daß die Kandidaten den Delegierten persönlich bekannt sind. Außerdem kommt bei der Bestimmung der Direktkandidaten lediglich ein einstufiges Delegationssystem zur Anwendung (Mitglieder wählen Delegierte), was bedeutet, daß die entsendenden Mitglieder eine Kontrolle über das Abstimmungsverhalten ihrer Delegierten behalten.

Listenkandidaten – mehrstufiges Delegationssystem

Bei der Aufstellung der Reservelisten für die Bundestagswahl wird ein mehrstufiges Delegationssystem angewandt: Das einfache Mitglied wählt Delegierte für die nächste Stufe (Kreis bzw. Unterbezirk), die wiederum Delegierte für die endgültige Zusammensetzung einer Landesdelegiertenkonferenz bestimmen. Je nach Satzung und Organisation der Parteien können es noch mehr Delegationsschritte sein.

Interessenbalance bei der Listenaufstellung

Bei diesem Verfahren üben die einfachen Parteimitglieder nur noch wenig Einfluß aus, da die Landeslisten von den Landesvorständen der Parteien den Landesdelegiertenkonferenzen zur Zustimmung vorgeschlagen werden. Diese Landeslisten aber sind von den Vorständen nach regionalem Proporz, Vertretung innerparteilicher Gruppen, Absicherung des Einzuges von Experten und Repräsentanz von Verbänden kunstvoll ausgelotet. Dabei werden meist innerparteiliche Gegenkräfte – falls sie stark genug eingeschätzt werden, einen Vorstandsvorschlag maßgeblich zu ändern – von vornherein mitberücksichtigt, um einen reibungslosen Ablauf der Delegiertenkonferenz soweit wie möglich zu gewährleisten. Darüber hinaus gehende Versuche zur Änderung der Kandidatenrangfolge sind regelmäßig erbittertem Widerstand der Führungsgruppen ausgesetzt, ihnen ist daher nur selten Erfolg beschieden.

Die „inneren Führungskreise"

Ein weiteres Hindernis für die breite Mitwirkung der Parteimitglieder an der Kandidatenaufstellung besteht in der Politik der inneren Führungskreise. Sie bestehen in allen Parteien auf allen Ebenen. Zu einem solchen Kreis müssen vor allem Vorstandsmitglieder, Mandatsträger und z.T. Experten gerechnet werden. Dieser Kreis einigt sich oft intern und vor der Wahl auf einen bzw. mehrere Kandidaten, wobei ähnliche Überlegungen wie bei der Aufstellung von Landeslisten maßgebend sein können. Dies wird teils begünstigt, teils notwendig, weil das „einfache" Parteimitglied mangels ständiger Betätigung im „Parteigeschäft" oft außerstande ist, sich eine feste, politisch begründete Meinung zur Kandidatenfrage zu bilden und anschließend entsprechend die Delegierten für die Vertreterversammlung zu bestimmen.

Die Zustimmung der Mitglieder oder Delegierten zu einem Kandidatenvorschlag der Vorstände ist immer dann zumindest gefährdet, wenn zwei sich oppositionell gegenüberstehende Gruppen innerhalb der Partei existieren, die ihre abweichenden Zielvorstellungen über die Politik der Partei durch jeweilige Kandidaten manifestieren. Ohne eine solche Gegengruppe werden für die Mitglieder Alternativen zur herrschenden Parteilinie oft überhaupt nicht sichtbar. Eine Versammlung ist meistens überfordert, wenn sie spontan aus ihrer Mitte heraus erfolgversprechende Gegenvorschläge entwickeln soll. Bei den Wahlen der Direktkandidaten zum Bundestag lassen sich solche Kampfabstimmungen seit der Bundestagswahl 1969 — nicht zuletzt im Zusammenhang mit den stärkeren Mitbestimmungsforderungen der Jugendorganisationen der Parteien vermehrt beobachten.

Stichworte zur Geschichte der Wahlen in Deutschland

Bis zum Ende des Heiligen Römischen Reiches Deutscher Nation im Jahre 1806 war Deutschland ständisch verfaßtes staatsähnliches Gemeinwesen. In Reichs- und Landständen vertraten der Adel, die Geistlichkeit, die Städte und später zum Teil auch die Bauern — das Land oder das Reich gegenüber dem Herrscher. Die Bestellung dieser ständischen Körperschaften erfolgte selten durch das Prinzip Wahlen.

Wahlen nach der Preußischen Städteordnung von 1808

Mit Beginn der *Stein-Hardenbergschen Reformen* (beginnend 1808) in Preußen setzten sich demokratische Verfassungsvorstellungen der Französischen Revolution auch in Deutschland durch. In der im November 1808 eingeführten *Preußischen Städteordnung* wurde zum ersten Mal in Deutschland ein nahezu allgemeines, gleiches, direktes und geheimes Männerwahlrecht eingeführt, das nur an einen verhältnismäßig geringen *Zensus* (150 bis 200 Taler jährliches Einkommen) und an die Bestimmung, daß 2/3 der passiv Wahlberechtigten Hausbesitzer sein mußten, gebunden war. In § 73 heißt es:

„Die Wahl der Stadtverordneten nach Ordnung, Zünften und Korporationen in die Bürgerschaften wird (dagegen) hierdurch völlig aufgehoben. Es nehmen an den Wahlen alle stimmfähigen Bürger Anteil, und es wählt jeder lediglich als Mitglied der Stadtgemeinde ohne alle Beziehungen auf Zünfte, Stand, Korporation und Sekte."

Länderverfassungen

Die Entwicklung nach dem *Wiener Kongreß* 1814/15, die eine Neuordnung Europas und des Reiches — die einzelnen deutschen

Staaten schlossen sich zum Deutschen Bund (1815–1867) zusammen – brachte, führte zu Verfassungen in den deutschen Ländern, die in der Regel von den Fürsten verfügt wurden. Sie wiesen vor allem in den süddeutschen Staaten (Baden-Württemberg, Hessen-Darmstadt) konstitutionelle Elemente auf und garantierten unveräußerliche Grundrechte und gewährleisteten Gewaltenteilung, Zweikammersystem sowie Ministerverantwortlichkeit. Verfassungen, die ein Zweikammersystem vorsahen, ermöglichten eine Wahl für die Mitglieder der 2.Kammer. Jedoch erhielten aktives und passives Wahlrecht nur die Männer. Darüber hinaus wurde das aktive Wahlrecht noch von folgenden Voraussetzungen abhängig gemacht: bestimmtes Alter, Staatsbürgerschaft; Zugehörigkeit zu einem christlichen Bekenntnis und oft auch Einkommens- oder Eigentumszensus. Das passive Wahlrecht erforderte höheres Alter und größeren Zensus.

Die Deutsche Nationalversammlung von 1848

Nach den Richtlinien des Frankfurter Vorparlaments von 1848 sollten das aktive und passive Wahlrecht weder durch einen Wahlzensus, noch durch Bevorrechtigung einer Religion, noch durch die Wahl nach bestimmten Ständen eingeschränkt werden dürfen. Das Wahlrecht – allerdings nur für Männer – sollte daher im Prinzip *allgemein* und *gleich*, jedoch an die Voraussetzung der Selbständigkeit geknüpft sein, ein Tatbestand, der in den Ländern jedoch eine unterschiedliche Auslegung erfuhr. Nachdem die Wahl zur deutschen Nationalversammlung in Vor- und Hauptwahl, in allgemeiner und gleicher Wahl durchgeführt worden war, trat das „Bürgerliche Honoratiorenparlament" am 18. Mai 1848 in der Frankfurter Paulskirche zur Eröffnungssitzung zusammen. Die knapp ein Jahr später verabschiedete Reichsverfassung sah einen Reichstag vor, der aus einem Staaten- und einem Volkshaus bestand. Mitglieder des Volkshauses sollten nach *allgemeinem, gleichem, direktem* und *geheimem* Wahlrecht gewählt werden. „Aktiv und passiv wahlberechtigt waren alle unbescholtenen männlichen Deutschen, die das 25. Lebensjahr vollendet hatten und im Besitz der bürgerlichen Ehrenrechte waren... Gewählt werden sollten die Abgeordneten für eine dreijährige Wahlperiode in Einerwahlkreisen nach absoluter Mehrheitswahl mit Stichwahl im 3. Wahlgang..." (Vogel, Nohlen, Schultze, S. 86)

24

Das preußische Dreiklassenwahlrecht

Das preußische Dreiklassenwahlrecht, das 1849 für Preußen eingeführt wurde, behielt bis Ende des Ersten Weltkrieges Gültigkeit. Hierbei handelt es sich um ein *beschränkt allgemeines, mittelbares, un-
gleiches* und *nicht geheimes* Wahlsystem. Die Wahl war *insoweit allgemein*, als jeder selbständige Preuße, nach Vollendung des 24. Le-
bensjahres und im Besitz der bürgerlichen Ehrenrechte, mit Ausnahme der Empfänger von Armenunterstützung, wahlberechtigt war.
Die Wahl war *mittelbar*, da die Abgeordneten von Wahlmännern in
Wahlbezirken gewählt wurden. Sie war schließlich ungleich, da die
abgegebenen Stimmen einen unterschiedlichen Erfolgswert besaßen.
Urwähler wurden in jedem Wahlbezirk nach dem Steueraufkommen
in drei Klassen eingeteilt. In der ersten Klasse waren einige Höchstbe-
steuerte, in der zweiten Klasse wenige Wähler mit höherem Steueraufkommen und in der dritten Klasse die restlichen Wähler auch diejenigen, die keine Steuern zahlten. Jede Steuerklasse wählte die gleiche Anzahl von Wahlmännern. „Da jede Klasse die gleiche Anzahl
von Wahlmännern zu wählen hatte, war für die Wahl jeder Abteilung
eine unterschiedlich große Anzahl von Stimmen erforderlich. Die
Ungleichheit wurde noch dadurch verstärkt, daß die Abgeordneten
von den Wahlmännern in gemeinsamer Abstimmung gewählt wurden, so daß die erste und zweite Abteilung, die z.B. bei der Wahl

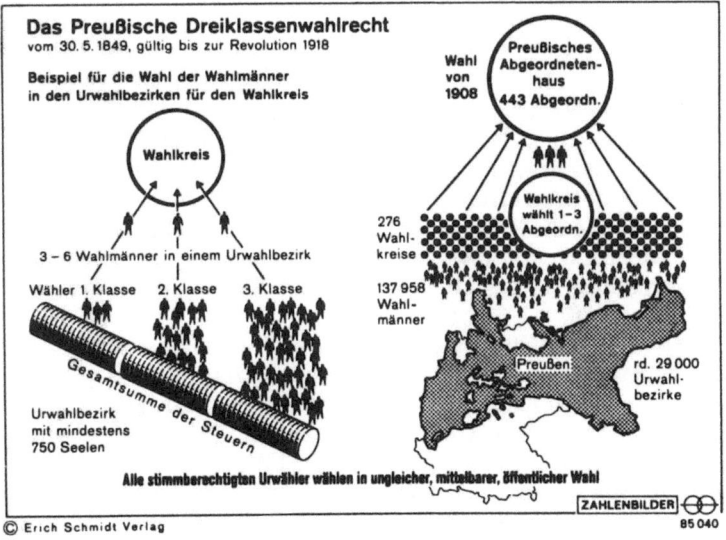

vom 17. Juli 1849 nur eine Minderheit von 17,3% der Urwähler repräsentierten, die Mehrheit (82,7%) überstimmen und damit von jeglichem politischem Einfluß ausschließen konnten" (Gensior/Krieg, S. 44).

Die Weimarer Republik

Zwar war es noch im Kaiserreich zum Ende des Krieges zu der von Kaiser Wilhelm II. versprochenen Wahlrechtsänderung gekommen, die aber nicht mehr realisiert wurde. Die politische Entwicklung war über die Fragen der Wahlrechtsänderung hinweggegangen. Der im November 1918 gebildete „Rat der Volksbeauftragten" erließ am 30.11.1918 eine Verordnung über die Wahlen zur verfassunggebenden deutschen Nationalversammlung, in der es hieß: „Alle Wahlen zu öffentlichen Körperschaften sind fortan nach dem gleichen, geheimen, direkten, allgemeinen Wahlrecht aufgrund des proportionalen Wahlsystems für alle mindestens 20 Jahre alten männlichen und weiblichen Personen zu vollziehen."

In der Weimarer Republik forderten die Verfassungsartikel 17 und 22 sowohl für die Reichstags- als auch für die Landtags- und Kommunalwahlen eine Verhältniswahl. Beim Wahlsystem zum Reichstag handelte es sich um ein Verhältniswahlsystem mit „automatischer" Methode in drei Ermittlungsverfahren. Bei Erreichen von 60000 Stimmen erhielt eine Partei ein Mandat. Übrigbleibende Stimmen wurden im Wahlkreisverband, bestehend aus 2 bis 3 Wahlkreisen, aufgefangen und auf volle 60000 Stimmen ein erneutes Mandat vergeben. Schließlich erfolgte ein drittes Zuteilungsverfahren auf Reichsebene, bei dem noch einmal die Reststimmen aus den Wahlkreisverbänden addiert wurden. Allerdings wurden auf der dritten Ebene nur die zentralen Reichswahlvorschläge der Parteien berücksichtigt, die bereits in den beiden ersten Verfahren ein Mandat erzielt hatten.

Somit hing die Zahl der Reichstagsmandate direkt von der Größe der Wählerzahl wie auch von der Wahlbeteiligung ab, wodurch die Schwankungen in der Mitgliederzahl des Reichstags (459 bis 647) erklärt werden.

Die reine Verhältniswahl der Weimarer Republik hat ohne Zweifel zur Zersplitterung des Parteiensystems beigetragen. Betrug die Zahl der an der ersten Reichstagswahl (1920) teilnehmenden Parteien noch 24, so erreichte sie mit 42 Parteien bei den Reichstagswahlen von 1932 ein Rekordergebnis. Die große Zahl der im Parlament vertretenen Parteien erschwerte die Bildung funktionsfähiger Regierungen — *ein* Faktor, der zum Scheitern der Weimarer Republik beigetragen hat.

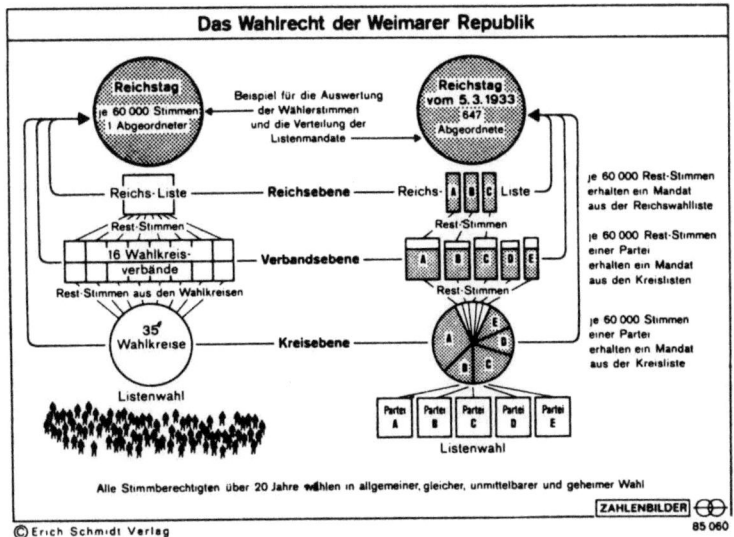

Das Wahlrecht der Weimarer Republik

Reichstag
je 60 000 Stimmen
1 Abgeordneter

Beispiel für die Auswertung der Wählerstimmen und die Verteilung der Listenmandate

Reichstag vom 5.3.1933
647 Abgeordnete

Reichs-Liste — Reichsebene — Reichs- A B C Liste

je 60 000 Rest-Stimmen erhalten ein Mandat aus der Reichswahlliste

Rest-Stimmen
16 Wahlkreis-verbände — Verbandsebene
Rest-Stimmen aus den Wahlkreisen

Rest-Stimmen

je 60 000 Rest-Stimmen einer Partei erhalten ein Mandat aus den Kreislisten

35 Wahlkreise — Kreisebene

je 60 000 Stimmen einer Partei erhalten ein Mandat aus der Kreisliste

Listenwahl

Partei A | Partei B | Partei C | Partei D | Partei E

Listenwahl

Alle Stimmberechtigten über 20 Jahre wählen in allgemeiner, gleicher, unmittelbarer und geheimer Wahl

ZAHLENBILDER

© Erich Schmidt Verlag

85 060

„Wahlen" im Nationalsozialismus

Nachdem die Nationalsozialisten am 30. Januar 1933 die Macht übernommen hatten, erfolgte bereits sieben Wochen später die Ausschaltung des Reichstages. Mit Hilfe des „Gesetzes zur Behebung der Not von Volk und Staat" *(Ermächtigungsgesetz)* erhielt der Reichskanzler *(Hitler)* die Vollmacht, ohne Beteiligung des Parlaments, also des Reichstags und des Reichsrats, Gesetze zu erlassen und auch die Verfassung zu ändern. Zwar blieb der Reichstag formell weiter bestehen, jedoch wurde seine politische Bedeutung zunehmend geringer. Nachdem Länderparlamente und der Reichsrat aufgelöst *(Gleichschaltung)* und schließlich Kommunistische Partei und Sozialdemokratische Partei am 22. Juni 1933 verboten waren, lösten sich die bürgerlichen Parteien selbst auf. Somit blieb als einzige Partei die Nationalsozialistische Deutsche Arbeiterpartei (NSDAP) bestehen, die formell 1933, 1936 und 1938 in den Reichstag gewählt wurde und den Reichstag ausschließlich besetzte. Damit war das Prinzip der freien Wahlen, nämlich Auswahl unter mehreren Kandidaten unterschiedlicher Parteien nicht mehr gegeben.

Wahlsysteme und Bundestagswahl

Seit es Wahlen zur Besetzung der Sitze in Parlamenten gibt, ist über Vor- und Nachteile der verschiedenen Wahlsysteme sowohl in der Öffentlichkeit als auch in der Wissenschaft gestritten worden. Als Grundtypen werden die *Mehrheitswahl* und die *Verhältniswahl* voneinander unterschieden.

Mehrheitswahl

Bei der Mehrheitswahl stellen die Parteien in den Wahlkreisen Kandidaten auf (es können auch nichtparteigebundene Einzelbewerber auftreten), die um die Stimmen der Wähler werben. Es erringt der Kandidat das Mandat, für den die meisten Stimmen abgegeben werden. Dabei fallen die Stimmen, die nicht für den schließlichen Sieger abgegeben werden, unter den Tisch, haben also keinen Einfluß auf das Wahlgeschehen.

Verhältniswahl

Bei der reinen Verhältniswahl geht es nicht in erster Linie um Personen, sondern um Parteien. Denn die Kandidaten stehen nicht direkt und persönlich zur Wahl, sondern die Parteien legen Listen mit ihren Kandidaten vor, über die der Wähler entscheidet. Hierbei kommen alle abgegebenen gültigen Stimmen zur Geltung und bringen den Parteien Mandate genau im Verhältnis der Stimmverteilung.

Argumente zu den Wahlsystemen

Für beide Verfahren gibt es Argumente pro und contra. Zugunsten der *Mehrheitswahl* wird angeführt:

- die Wahl erhält Wettkampfcharakter und führt zu klaren Entscheidungen;
- klare Mehrheiten führen zu stabilen Regierungen;
- kleinere Parteien kommen schwerer zum Zuge.

Gegenargumente:

- Es herrscht Ungleichheit des Stimmengewichts, weil eine Partei die Mehrzahl der Mandate erhalten kann, obwohl sie im Wahlergebnis nur eine Minderheit der Stimmen auf sich vereinigen konnte;
- es werden die Wähler frustriert, da ihre Stimmen so unter den Tisch fallen;
- in „sicheren" Wahlkreisen verfallen Kandidaten und Partei in Lethargie, weil sie nicht kämpfen müssen;
- regionale Splittergruppen können sich durchsetzen.

Zugunsten der *Verhältniswahl* wird gesagt:

- das Ergebnis spiegelt genau das Kräfteverhältnis in der Wählerschaft; also Gerechtigkeit des Ergebnisses;
- Der Versuch, durch Wahlkreiseinteilung auf das Wahlergebnis einzuwirken (Wahlkreisgeometrie) wird gegenstandslos;
- wertvolle Experten kommen nicht in Gefahr, in der direkten Aus-

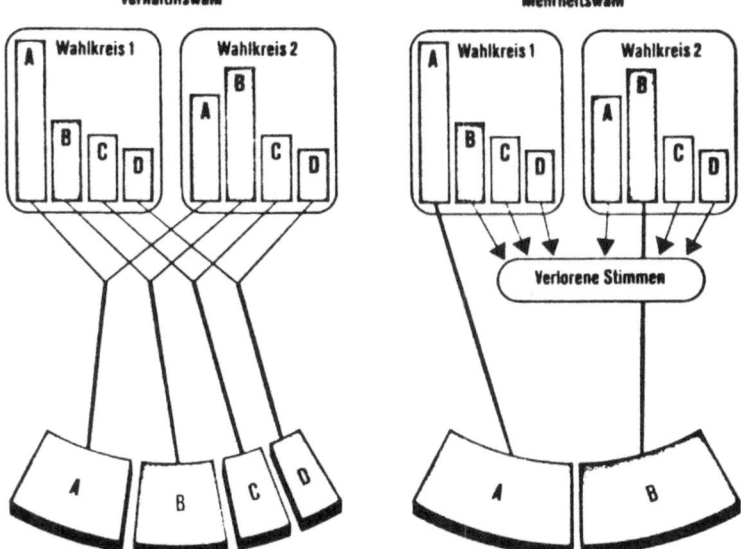

Quelle: Paul Noack, Was ist Politik? München/Zürich 1973, S. 211

einandersetzung mit publikumswirksameren Kandidaten zu unterliegen.

Gegenargumente:

- die Regierungsbildung und die Bildung stabiler Regierungen wird schwieriger, weil das Verhältniswahlsystem die Bildung einer Vielzahl von Parteien begünstigt;
- die Parteien werden von Interessengruppen zu stark beeinflußt;
- die Stimmenverrechnung wird unübersichtlich.

Das in der Bundesrepublik Deutschland praktizierte Wahlsystem wird *personalisiertes Verhältniswahlsystem* genannt; seine Grundlage ist die Verhältnismäßigkeit zwischen Stimmen und Mandaten, aber es bietet die Möglichkeit, Persönlichkeiten zu wählen.

Die Abbildung veranschaulicht den entscheidenden Gegensatz der beiden Grundtypen von Wahlsystemen: Die Verhältniswahl spiegelt die Stimmenanteile der Parteien in Sitzen; bei der Mehrheitswahl gehen in einem Wahlkreis sogar Stimmen einer Partei verloren, die in einem anderen Wahlkreis siegt.

Grundlagen der Bundestagswahl

Wahlgrundsätze

Art. 38 GG legt die Grundsätze für die Wahl zum Deutschen Bundestag fest. Dort heißt es:

(1) Die Abgeordneten des Deutschen Bundestages werden in allgemeiner, unmittelbarer, freier, gleicher und geheimer Wahl gewählt. Sie sind Vertreter des ganzen Volkes, an Aufträge und Weisungen nicht gebunden und nur ihrem Gewissen unterworfen.

(2) Wahlberechtigt ist, wer das 18. Lebensjahr vollendet hat; wählbar ist, wer das Alter erreicht hat, mit dem die Volljährigkeit eintritt.

(3) Das nähere bestimmt ein Bundesgesetz.

Aktives und passives Wahlrecht

Wahljahr	Alter für Wahlberechtigung (aktives Wahlalter)	Alter für Wählbarkeit (passives Wahlalter)
1949-1969	21	25
1972	18	21
1976	18	18
1980	18	18

Allgemeinheit der Wahl

Allgemein bedeutet: Alle Bürger haben das aktive und passive Wahlrecht, unabhängig von Rasse, Geschlecht, Einkommen, politischer Überzeugung. Die Allgemeinheit der Wahl schließt auch jedes *Zensus*wahlrecht aus, d. h., das Wahlrecht ist nicht an einen Besitznachweis (Besitzzensus) oder eine Steuerleistung (Steuerzensus) oder an geistige Leistungsnachweise (Bildungszensus) geknüpft.

Unmittelbarkeit der Wahl

Unmittelbar bedeutet, daß der Wähler ohne Zwischenschaltung eines fremden Willens seine Entscheidung trifft. Das schließt z. B. die Versammlung gewählter Wahlmänner wie bei der amerikanischen Präsidententwahl aus. Der Wähler selbst muß das letzte, entscheidende Wort haben.

Der Unmittelbarkeit der Wahl widerspricht noch nicht, daß der Wähler die Liste einer Partei wählt und erst auf diesem Wege die von der Partei präsentierten Wahlbewerber. Aber er muß sich vor der Wahl über diese Wahlbewerber informieren können.

Freiheit der Wahl

Freiheit der Wahl bedeutet, daß von niemandem − sei es von amtlicher oder von privater Seite − auf den Wähler Druck ausgeübt werden darf, um seine Wahl zu beeinflussen. „Dieses Prinzip der Freiheit der Wahl hat für das Wesen der Wahl so fundamentale Bedeutung, daß es geradezu als integrierender Bestandteil des Wahlbegriffs gelten kann: Ohne Freiheit keine Wahl, die − qualitativ, inhaltlich − diese Bezeichnung verdient. Insofern erscheint die Freiheit der Wahl als Obersatz aller Wahlrechtsgrundsätze und als besonderer Grundsatz nahezu überflüssig, weil selbstverständlich."
(Gensior/Krieg, S. 23).

Gleichheit der Wahl

Gleichheit bedeutet, daß alle Wählerstimmen gleichviel zählen, und nicht − wie etwa zu den Zeiten des preußischen Dreiklassenwahlrechts − die Stimmen einer bestimmten Gruppe oder Person aufgrund ihrer Steuerleistung einen höheren Zählwert besitzen.

Der Grundsatz der Gleichheit fordert, daß das Wahlverfahren auch organisatorisch die Gleichheit der Rechte aller an der Wahl Beteiligten sicherstellt − etwa bei der Wahlkreiseinteilung, bei den Wählbarkeitsvoraussetzungen, beim Wahlvorschlagsrecht und auch bei der Zuteilung von Sendezeiten für die Wahlwerbung.

Zu den bemerkenwerten zulässigen Ausnahmen von Grundsatz der Wahlgleichheit gehören die *Sperrklauseln* gegen Splitterparteien.

Geheimheit der Wahl

Geheim bedeutet, daß der Wähler seine Stimmabgabe so ausüben kann, daß für andere nicht erkennbar ist, wie er wählen will, wählt oder gewählt hat. Der Wähler *darf* aber nicht nur geheim wählen, er *muß* es auch.

Das Bundeswahlgesetz (BWahlG)

Das Bundeswahlgesetz wurde am 7. Mai 1956 erlassen und gilt heute in der Fassung der Bekanntmachung vom 1. September 1975 mit der Sechsten Änderung vom 7. Dezember 1982.

Das Bundeswahlgesetz sieht vor, daß der Bundestag einschließlich 22 Berliner Abgeordneten aus 518 Abgeordneten besteht. In der Bundesrepublik Deutschland gibt es 248 Wahlkreise, so daß von 496 Abgeordneten des Bundesgebietes 248 nach dem Prinzip der relativen Mehrheitswahl in Wahlkreisen gewählt, die anderen 248 nach den Grundsätzen der Verhältniswahl über Landeslisten gewählt werden.

Die 22 Abgeordneten *Berlins* (West) werden aufgrund des Viermächte-Status der Stadt nicht direkt gewählt, sondern vom Berliner Abgeordnetenhaus entsprechend der Stärke der dort vertretenen Parteien bestimmt. Im Bundestag besitzen die Berliner Abgeordneten ein begrenztes Stimmrecht. So zählen ihre Stimmen wirksam nur bei Beschlüssen über die Geschäftsordnung.

Wahlgebiet und Wahlkreiseinteilung

Für die Bundestagswahl ist das Wahlgebiet, die Bundesrepublik Deutschland, in 248 Wahlkreise eingeteilt. Es handelt sich dabei um Einmann-Wahlkreise, weil darin stets nur *ein* Kandidat gewählt wird. Für die Wahlkreiseinteilung in der Bundesrepublik sind die Gesichtspunkte der Übereinstimmung mit den politischen Grenzen, der landsmannschaftlichen Geschlossenheit des Wahlkreises und einer möglichst gleichen Bevölkerungszahl der Wahlkreise maßgebend.

Gegenüber der Bundestagswahl 1976 hatte sich für die Wahlkreiseinteilung 1980 folgende Änderung ergeben: Baden-Württemberg, Bayern und Niedersachsen erhielten einen zusätzlichen Wahlkreis, während Nordrhein-Westfalen zwei und Hamburg einen Wahlkreis abgeben mußten, wie nachstehende Tabelle zeigt.

Wahlkreiseinteilung nach Ländern

Land	Anzahl der Wahlkreise	
	jetzt	bisher
Baden-Württemberg	37	36
Bayern	45	44
Bremen	3	3
Hamburg	7	8
Hessen	22	22
Niedersachsen	31	30
Nordrhein-Westfalen	71	73
Rheinland-Pfalz	16	16
Saarland	5	5
Schleswig-Holstein	11	11
	248	248

Quelle: Das Parlament, Nr. 26 vom 30. Juni 1979, S. 11

Stimmen

Jeder Wähler verfügt über zwei Stimmen, mit denen er einmal einen Kandidaten seines Wahlkreises und zum anderen die Liste einer Partei wählen kann.

Bestimmung der Direktbewerber

In den 248 Wahlkreisen sind diejenigen Kandidaten gewählt, die die relative Mehrheit der abgegebenen gültigen Erststimmen erzielt haben. Es reicht für einen Kandidaten der Vorsprung von einer Stimme gegenüber den Konkurrenten, um in den Bundestag zu gelangen.

Landeslisten

Die anderen 248 Mandate werden über die Landeslisten der Parteien verteilt. Die Listen werden für die einzelnen Bundesländer eingereicht. Landeslisten derselben Partei gelten als *verbunden,* wenn gegenüber dem Bundeswahlleiter nichts anderes erklärt wird, d.h. die von ihnen gewonnenen Stimmen werden zu einer Gesamtstimmenzahl addiert, mit der die Partei an der verhältnisgerechten Sitzverteilung teilnimmt.

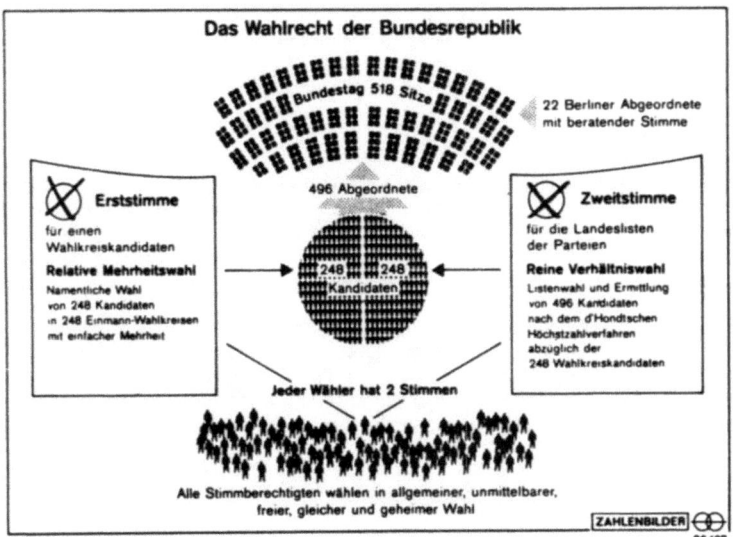

Das Wahlrecht der Bundesrepublik

Bundestag 518 Sitze

22 Berliner Abgeordnete
mit beratender Stimme

496 Abgeordnete

248 | 248 Kandidaten

Erststimme
für einen
Wahlkreiskandidaten

Relative Mehrheitswahl
Namentliche Wahl
von 248 Kandidaten
in 248 Einmann-Wahlkreisen
mit einfacher Mehrheit

Zweitstimme
für die Landeslisten
der Parteien

Reine Verhältniswahl
Listenwahl und Ermittlung
von 496 Kandidaten
nach dem d'Hondtschen
Höchstzahlverfahren
abzüglich der
248 Wahlkreiskandidaten

Jeder Wähler hat 2 Stimmen

Alle Stimmberechtigten wählen in allgemeiner, unmittelbarer,
freier, gleicher und geheimer Wahl

ZAHLENBILDER
86 127

Die Fünf-Prozent-Klausel

Um eine Zersplitterung des Parteiensystems in zahlreiche kleine Parteien zu vermeiden, wie sie zu einem Existenzproblem der Weimarer Republik geworden war, wurde Anfang der 50er Jahre die sogenannte Fünf-Prozent-Klausel in das Bundeswahlgesetz aufgenommen. Sie besagt, daß Parteien, die im Wahlgebiet, also der Bundesrepublik Deutschland, weniger als 5% der Zweitstimmen erhalten, oder nicht mindestens 3 Direktmandate erzielen, von der Mandatszuweisung ausgeschlossen sind. Lediglich Parteien nationaler Minderheiten, zur Zeit der SWW (Südschleswigscher Wählerverband), sind von der Bedingung der Fünf-Prozent-Klausel ausgenommen.

Aufteilung der Mandate auf die Parteien

Die Aufteilung vollzieht sich in vier Schritten:

1. Ermittlung der Ausgangssitzzahl

Von den 496 zu verteilenden Sitzen im Bundestag (ohne die 22 Sitze für Berliner Abgeordnete) werden diejenigen Direktmandate abgezogen, die von folgenden Bewerbern gewonnen wurden:

35

- Bewerber ohne Parteibindung
- Bewerber, deren Partei wegen Unterschreiten der 5%-Grenze von der verhältnismäßigen Verteilung der Sitze ausgeschlossen ist und
- Bewerber, deren Partei keine Landesliste eingereicht hat.

2. Verteilung der Sitze im Wahlgebiet

Die so ermittelten Sitze werden nach dem d'Hondtschen Höchstzahlverfahren gemäß den von den Parteien errungenen Zweitstimmen auf die Listen bzw. Listenverbindungen der Parteien verteilt.

3. Verteilung der Sitze auf die Landeslisten

Die einer jeden Listenverbindung zustehenden Sitze werden nach dem d'Hondtschen Verfahren auf die einzelnen Glieder der Listenverbindungen, also die Landeslisten entsprechend den in einzelnen Bundesländern erreichten Zweitstimmen verteilt. (Dieser Schritt entfällt für Parteien, die keine Listenverbindungen eingegangen sind oder nur regional antreten wie z. B. die bayerische CSU).

4. Vergabe der Sitze an die Listenbewerber

Von der nunmehr feststehenden Zahl der Sitze, die die Parteien je Bundesland zu beanspruchen haben, werden die von ihnen dort direkt gewonnenen Mandate abgezogen. Der restliche Anteil an Mandaten geht an Listenbewerber in der dort festgelegten Reihenfolge, wobei natürlich die bereits direkt gewählten Bewerber übergangen werden.

Vom d'Hondt'schen Verfahren zum Verfahren Niemeyer

Der belgische Rechtsprofessor *Victor d'Hondt* hatte zu Beginn dieses Jahrhunderts ein Berechnungsverfahren entwickelt, mit Hilfe dessen bisher die Sitze für die Parteien im Deutschen Bundestag ermittelt wurden. Nach diesem Höchstzahlverfahren werden die gültigen Stimmen einer jeden Partei, die über die 5%-Sperrklausel gelangt, nacheinander durch die Zahlen 1, 2, 3, 4, 5 usw. geteilt; aus der Höhe des dann errechneten Quotienten ergibt sich die Reihenfolge der zu verteilenden Sitze.

Erstmals bei der kommenden Bundestagswahl sollte das mathematische Proportionsverfahren *Niemeyer* angewandt werden; jedoch wurde der Kabinettsbeschluß vom Mai 1982 nicht rechtzeitig Gesetz. Beim Niemeyer-Verfahren wird die Zahl der zu vergebenden Sitze mit der Stimmenzahl der einzelnen Parteien multipliziert und dieses Produkt durch die Gesamtzahl der Stimmen aller Parteien, die die 5%-Sperr-Klausel überwunden haben, geteilt.

Das Niemeyer-Verfahren kann unter bestimmten Bedingungen dazu führen, daß kleinere Parteien begünstigt werden. So hätte bei Anwendung des Niemeyer-Verfahrens bereits bei den Bundestagswahlen 1980 und 1976 die FDP jeweils einen Sitz mehr – zu Lasten der CDU – errungen.

Das Beispiel (Abbildung) zeigt die Unterschiede zwischen beiden Verfahren deutlich. Bei elf Parlamentssitzen und 11.800 gültigen Stimmen verteilen sich die Sitze nach d'Hondt für drei Parteien auf 6:4:1 Mandate, nach Niemeyer auf 5:4:2 (weil verbleibende Restsitze in der Reihenfolge der höchsten Zahlen hinter dem Komma an die Parteien vergeben werden).

Bei der Bundestagswahl 1980 wurden die Stimmen wie folgt verteilt:

Tabelle 12: Verteilung der 496 Sitze auf die Parteien
(Erste Stufe des Sitzverteilungsverfahrens)

Teiler	SPD	CDU	CSU	FDP
1	16260677 (1)	12989200 (2)	3908459 (9)	4030999 (8)
2	8130339 (3)	6494600 (4)	1954295 (18)	2040500 (16)
3	5420226 (5)	4329733 (6)	1302820	1343666
4	4065169 (7)	3247300 (11)	977115	1007750
5	3252135 (10)	2597840 (13)		
6	2710113 (12)	2164867 (15)		
7	2322954 (14)		1855600 (19)	
8	2032585 (17)	1623650		
9	1806742 (20)	1443244		
10	1626068	1298920		

37

Die weitere Aufteilung nach dem Höchstzahlverfahren brachte der SPD insgesamt 224 Sitze, der CDU 201 Sitze, der FDP 53 Sitze und der CSU 40 Sitze. Von den ersten zwanzig Sitzen fielen allein 15 den beiden großen Parteien CDU und SPD zu.

Überhangmandate

Bei der Verteilung der Sitze kann sich ergeben, daß eine Partei mehr Direktmandate gewonnen hat, als ihr nach dem Anteil der Zweitstimmen zustehen. Dann bleiben ihr diese sogenannten *Überhangmandate* erhalten, denn dem *direkt* gewählten Kandidaten kann sein Mandat nicht wieder abgesprochen werden. Es ziehen dann also entsprechend mehr Abgeordnete in den Bundestag ein.

Bei der Bundestagswahl 1980 wurden in Schleswig-Holstein alle Wahlkreise von SPD-Abgeordneten gewonnen. Damit war die SPD überproportional direkt vertreten, und es entstand ein Überhangmandat.

Personalisierte Verhältniswahl

Der Wähler verfügt also über zwei Stimmen, mit denen er einmal den Direktkandidaten in seinem Wahlkreis und zum anderen die Landesliste einer Partei wählen kann. Da eine Partei nur soviele Parlamentssitze (Mandate) erhält, wie ihr nach ihrem Anteil an den Zweitstimmen zustehen – die in den Wahlkreisen gewonnenen Direktmandate werden ja davon abgezogen – bleibt das Wahlsystem der Bundesrepublik ein Verhältniswahlsystem (Proportionalsystem). Durch die Möglichkeit, in den Wahlkreisen Kandidaten (Persönlichkeiten) direkt zu wählen, gewinnt das Verhältniswahlsystem personalisierte Züge, man spricht von *Personalisierter Verhältniswahl.*

Die Durchbrechung dieses Systems durch Fünf-Prozent-Klausel und Überhangmandate ändert daran grundsätzlich nichts.

Formen der Kandidatur:
Einzelkandidatur (Direktkandidatur)

Die Einzelkandidatur erfolgt auf der Grundlage von Mehrheitswahlprinzipien für eine bestimmte Region (Wahlkreis). Bei der Einzelkandidatur kann sich der Wähler im Rahmen seiner Parteipräferenz nur für einen Bewerber entscheiden. Für die Mandatszuteilung sind nur die vom Einzelbewerber errungenen Stimmen maßgebend.

Das heißt, der Gewählte wird ‚direkt', ohne Zwischenschaltung einer Liste von der Stimmbürgerschaft in das jeweilige Vertretungsorgan entsandt.

Listenkandidatur

Die Kandidatenliste stellt eine Sammelbewerbung mehrerer Kandidaten dar, die einer Partei oder Wählervereinigung angehören. Die Liste dient als Wahlvorschlag und später der Mandatszuteilung. Je nachdem, ob und wie der Wähler durch seine Stimme oder sein Stimmenreservoir (mehrere Stimmen) auf die Reihenfolge der Kandidaten auf der Liste Einfluß nehmen kann, werden folgende drei Listenformen unterschieden:

Starre Liste

Hier hat der Wähler nur die Möglichkeit, die von einer Partei oder Wählervereinigung aufgestellte Liste insgesamt zu billigen oder zu verwerfen. Die Kandidaten und ihre Reihenfolge sind dem Wähler verbindlich vorgegeben. Die starre Liste ist die in der Bundesrepublik vorherrschende Listenform.

Lose gebundene Liste

Diese Listenform gibt dem Wähler die Kandidaten einer Partei lediglich in Gestalt einer für ihn unverbindlichen Aufzählung bekannt. Je nach der Art der geltenden Stimmgebung (Streichung, Präferenzstimmgebung) kann er die Reihenfolge der Kandidaten auf der Liste verändern. Er muß allerdings im Rahmen der Liste bleiben, für die er sich entschieden hat.

Freie Liste

Die freie Liste ist ein unverbindlicher Wahlvorschlag an den Wähler. Dieser hat nicht nur die Möglichkeit, die Reihenfolge auf der Liste zu verändern, sondern er kann auch Bewerber aus anderen Listen übernehmen und neue Kandidaten hinzufügen.

Stimmgebung

In engem Zusammenhang mit der Listenform steht die Stimmgebung. Sie regelt, über wie viele Stimmen der Wähler verfügt, und ob und auf welche Weise er innerhalb seiner Parteienpräferenz Einfluß

39

darauf nehmen kann, welche Kandidaten einer Partei ins Parlament einziehen.

Einzelstimmgebung

Der Wähler hat eine Stimme, die er einem Direktkandidaten, einem Kandidaten einer Liste oder einer (starren) Liste insgesamt geben kann. Bei einigen hier besprochenen Wahlsystemen wählt der Wähler mit einer Stimme einen Direktkandidaten und bestimmt damit gleichzeitig das Gesamtergebnis der Partei, die den Direktkandidaten aufgestellt hat.

Mehrstimmgebung

Der Wähler hat eine bestimmte Anzahl von Stimmen oder sogar soviele Stimmen wie Mandate im Parlament zu vergeben sind (z.B. bei den Kommunalwahlen in Bayern).

Kumulieren/Panaschieren

Einige Kommunalwahlsysteme der Bundesrepublik geben dem Wähler das Recht zu kumulieren und zu panaschieren.

Kumulieren ist eine Verfeinerung der Mehrstimmgebung, die gestattet, mehrere Stimmen auf einen Kandidaten ,anzuhäufen'. Die Kumulation, die in der Bundesrepublik Deutschland bei den Kommunalwahlen in Baden-Württemberg und Bayern anzutreffen ist, ist jedoch häufig in der Weise eingeschränkt, daß lediglich eine bestimmte Anzahl von Stimmen an einen Kandidaten vergeben werden darf.

Panaschieren gibt dem Wähler das Recht, auf einem Stimmzettel Kandidaten verschiedener Listen zusammenzustellen und zu wählen bzw. innerhalb der ihm zustehenden Stimmenzahl Kandidaten verschiedener Listen zu wählen. Panaschieren ist also verbunden mit der freien Liste und der Mehrstimmgebung und versetzt den Wähler in die Lage, die von ihm gewünschte Repräsentation anzugeben (z.B. bei den Kommunalwahlen in Niedersachsen)

Splitting

Stimmensplitting setzt die Abgabe von (mindestens) zwei Stimmen voraus. Mit der Erststimme wird ein Direktkandidat, mit der Zweitstimme eine Liste gewählt. Stimmt der Wähler mit der Erststimme für den Kandidaten der Partei A und mit der Zweitstimme für die Liste B – oder umgekehrt – wird von *Stimmensplitting* gesprochen. Stimmensplitting hat sich aus der Form des Panaschierens entwickelt, da Kandidaten verschiedener Parteien gewählt werden können. Verstärktes Splitting führt zu Überhangmandaten.

Listenverbindungen

Listenverbindungen dienen der Vermeidung größerer Verzerrungen zwischen verhältnismäßigem Stimmenanteil und verhältnismäßigem Mandatsanteil, wenn nach Verhältniswahlgrundsätzen mit Wahlkreis- oder Landeslisten gewählt wird.

Wahltechnisch werden die Mandate des Wahlgebietes zunächst der verbundenen Liste auf der Grundlage ihrer insgesamt errungenen Stimmen zugeteilt. In einem zweiten Schritt werden die von der verbundenen Liste errungenen Mandate auf ihre einzelnen Glieder (Landeslisten/Wahlkreislisten) verteilt. Dieses Verfahren hat für eine Partei den Vorteil, daß nur ein Reststimmenanteil im Wahlgebiet ohne Mandat bleibt.

Repräsentationsziffer

Die Repräsentationsziffer nennt die Anzahl der Mandate, die auf eine bestimmte Einwohnerzahl entfallen. Damit gewährleistet wird, daß bei der Vergabe von Direktmandaten in Einerwahlkreisen jeweils annähernd gleichviele Wähler über ein Mandat entscheiden, sehen die Wahlsysteme in der Bundesrepublik eine Angleichung der Wahlkreisgrößen bei Bevölkerungsverschiebungen vor.

Bei Mehrmannwahlkreisen werden bei solchen Verschiebungen den Wahlkreisen mehr bzw. weniger Mandate zugeteilt.

Beispiel:

Wenn in einem Wahlkreis 10000 Wahlberechtigte, in einem anderen aber 100000 Wahlberechtigte an die Urnen gingen, müßten die Kandidaten und Parteien jeweils recht unterschiedliche Leistungen erbringen, um zum Erfolg zu kommen. Um die darin liegende Ungerechtigkeit zu verhindern, ist mit der *Repräsentationsziffer* ein Kriterium entwickelt worden, das in etwa gleiche Verhältnisse in den Wahlkreisen sichert.

Ergebnisse der Bundestagswahlen

	1949	1953	1957	1961	1965	1969	1972	1976	1980
Wahlberechtigte in Mio	**31,2**	**33,1**	**35,4**	**37,4**	**38,5**	**38,7**	**41,4**	**42,1**	**43,2**
Wahlbeteiligung in %	**78,5**	**86,0**	**87,8**	**87,7**	**86,8**	**86,7**	**91,1**	**90,7**	**88,7**
Gültige Stimmen in Mio	**23,7**	**27,6**	**29,9**	**31,6**	**32,6**	**33,0**	**37,5**	**37,8**	**37,9**
davon für die Parteien in %									
CDU/CSU	31,0	45,2	50,2	45,3	47,6	46,1	44,9	48,6	44,5
SPD	29,2	28,8	31,8	36,2	39,3	42,7	45,8	42,6	42,9
FDP/DVP	11,9	9,5	7,7	12,8	9,5	5,8	8,4	7,9	10,6
DP GDP	4,0	3,3	3,4			0,1			–
GB/BHE	–	5,9	4,6	2,8					–
ZP	3,1	0,8	0,3						
BP	4,2	1,7	0,5						
DRP; NPD	1,8	1,1	1,0	0,8	2,0	4,3	0,6		0,2
KPD; DFU; DKP	5,7	2,2	–	1,9	1,3	0,6	0,3	0,3	0,2
Splitterparteien	9,1	1,5	0,5	0,2	0,3	0,2	0,1	0,3	1,7*
Abgeordnetensitze im Deutschen Bundestag									
CDU/CSU	139	243	270	242	245	242	225	243	226
SPD	131	151	169	190	202	224	230	214	218**
FDP/DVP	52	48	41	67	49	30	41	39	53*
DP	17	15	17						
GB/BHE	–	27							
ZP	10	3							
BP	17								
DRP	5								
KPD	15								
Splitterparteien	16								
Insgesamt	**402**	**487**	**497**	**499**	**496**	**496**	**496**	**496**	**497**
Berlin (West)	19	22	22	22	22	22	22	22	22

DP = Deutsche Partei; GB/BHE = Gesamtdeutsch Block/Bund der Heimatvertriebenen und Entrechteten; ZP = Zentrumspartei;
BP = Bayernpartei; DRP = Deutsche Reichspartei; DFU = Deutsche Friedensunion.
* 1980 1,5 % Die Grünen - ** Ein Überhangmandat in Schleswig-Holstein

Kabinett	Kabinettssitze und Koalition					
Adenauer (CDU) Erstes Kabinett (1949-1953)	6 CDU	3 CSU	3 FDP	2 DP		
Adenauer (CDU) Zweites Kabinett (1953-1957)	8 CDU	2 CSU	4 FDP	2 BHE	2 DP	1 parteilos
	Nach der Kabinettsumbildung am 16.10.1956:					
	10 CDU	3 CSU	2 FVP	2 DP		
Adenauer (CDU) Drittes Kabinett (1957-1961)	12 CDU	4 CSU	2 DP			
Adenauer (CDU) Viertes Kabinett (1961-1962)	12 CDU	4 CSU	5 FDP			
Adenauer (CDU) Fünftes Kabinett (1962-1963)	12 CDU	4 CSU	5 FDP			
Erhard (CDU) Erstes Kabinett (1963-1965)	13 CDU	4 CSU	5 FDP			
Erhard (CDU) Zweites Kabinett (1965-1966)	13 CDU	5 CSU	4 FDP	(27.10.1966 Aus- scheiden der FDP- Minister aus der Regierung)		
Kiesinger (CDU) (1966-1969	8 CDU	3 CSU	9 SPD			
Brandt (SPD) Erstes Kabinett (1969-1972	12 SPD	3 FDP	1 partei- los			
Brandt (SPD) Zweites Kabinett (1972-1974)	13 SPD	5 FDP				
Schmidt SPD) Erstes Kabinett (1974-1976)	12 SPD	4 FDP				
Schmidt (SPD) Zweites Kabinett (1976-1980)	12 SPD	4 FDP				
Schmidt (SDP) Drittes Kabinett (seit 1980)	12 SPD	4 FDP				

Kohl (CDU)
Erstes Kabinett (seit 1982)

Exkurs: Landtagswahlen

Die föderative Gestalt der Bundesrepublik Deutschland

Vielfach werden Notwendigkeit und Zweckmäßigkeit des föderativen Aufbaus der Bundesrepublik mit demokratietheoretischen Überlegungen begründet, Hauptargumente sind:

- Das Nebeneinander von horizontaler (Länder) und vertikaler Gewaltenteilung schütze die Demokratie, wobei dem Kontrollelement des Bundesrates besondere Bedeutung zufalle;
- die föderative Ordnung verhindere eine einseitige parteipolitische Personalpolitik im Gesamtstaat;
- die Opposition im Bundestag könne in den Landtagen Regierungsverantwortung übernehmen und über den Bundesrat Einfluß auf die Bundesgesetzgebung ausüben.

(Nach „Gesellschaft und Staat", Lexikon der Politik, Baden-Baden, 1973.)

Aber Deutschland war auch − mit Ausnahme der NS-Zeit − nie ein zentralisierter Einheitsstaat, so daß der deutsche Föderalismus mindestens mit ebenso großem Recht auf die historische Entwicklung zurückgeführt werden kann, wie auf die verfassungspolitische. Beide Begründungen für ein föderalistisches System in der Bundesrepublik bedeuten schließlich, daß dem politischen Geschehen in den Bundesländern und damit den Wahlen erhebliches Gewicht zukommt, obwohl die autonomen politischen Entscheidungsfelder der Länder einer zunehmenden Einschränkung zugunsten des Bundes unterliegen. Nicht zuletzt die unterschiedlichen Mehrheitsverhältnisse in Bundestag und Bundesrat verschaffen den Landtagswahlen eine neue Qualität.

Die Wahlen zu den einzelnen Länderparlamenten

Die gesetzlichen Grundlagen für Landtagswahlen sind in den *Landtagswahlgesetzen* (LWG) niedergelegt. Grundsätzlich weichen Wahlen zu den Länderparlamenten nicht von Wahlen zu anderen parlamentarischen Vertretungsorganen ab.

Bereits in den *Länderverfassungen* selbst sind weitgehende Wahl-rechtsgrundsätze festgelegt, regelmäßig verbunden mit dem Auftrag an die Legislative, nähere Regelungen in einem Wahlgesetz festzulegen. So schreibt die Landesverfassung Baden-Württembergs bereits ein Wahlverfahren vor, „das die Persönlichkeitswahl mit den Grundsätzen der Verhältniswahl verbindet". Von einem „verbesserten Verhältniswahlrecht" spricht die Bayerische Landesverfassung und setzt dazu Normen über einzurichtende Wahlkreise (jeder Regierungsbezirk) und Stimmkreise (in der Regel die Landkreise und kreisfreien Städte) fest. Die Verfassungen von Rheinland-Pfalz und Saarland schreiben das Verhältniswahlsystem bindend vor.

In den anderen Landesverfassungen wurde keine Entscheidung zugunsten eines bestimmten Wahlsystems getroffen, sondern auch diese Grundsatzentscheidung den Landtagen durch einfache Gesetzgebungsverfahren überlassen.

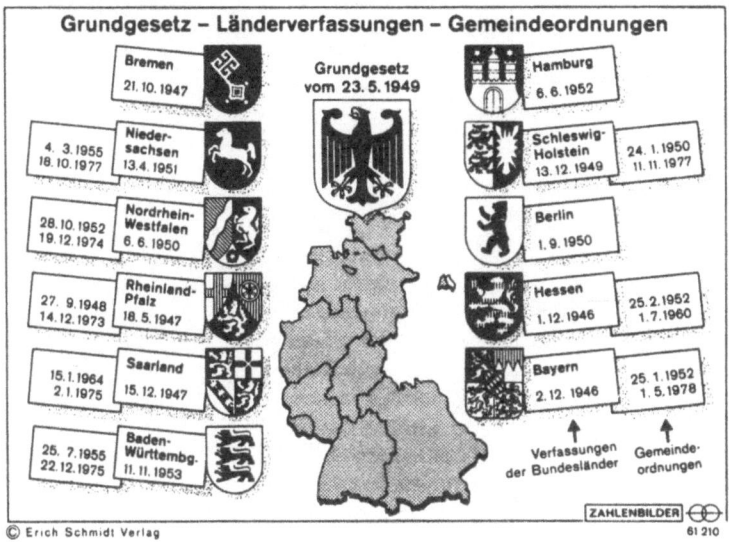

Sperrklauseln

In den Wahlgesetzen der einzelnen Bundesländer hat sich inzwischen eine einheitliche Regelung zugunsten der bei den Bundestagswahlen praktizierten 5 %-Sperrklausel durchgesetzt. Die in Bayern lange Zeit gültig gewesene Sperrklausel, mindestens in einem

Wahlkreis (Regierungsbezirk) zehn Prozent der abgegebenen Stimmen zu erreichen, wurde zugunsten der allgemeinen 5 %-Sperrklausel verändert. Dagegen werden in Berlin und in Schleswig-Holstein Stimmenanteile unter fünf Prozent dann berücksichtigt, wenn die betreffende Partei ein Direktmandat errungen hat. In Schleswig-Holstein gilt die Sperrklausel nicht für die Partei der Dänischen Minderheit.

Der Ablauf der Bundestagswahl

Die Wahlorgane

Wahlorgane sind
der Bundeswahlleiter und der Bundeswahlausschuß für das Wahlgebiet,
ein Landeswahlleiter und ein Landeswahlausschuß für jedes Land,
ein Kreiswahlleiter und ein Kreiswahlausschuß für jeden Wahlkreis,
ein Wahlvorsteher und ein Wahlvorstand für jeden Wahlbezirk und
mindestens ein Wahlvorsteher und ein Wahlvorstand für jeden Wahlkreis zur Feststellung des Briefwahlergebnisses.

Bildung der Wahlorgane

Der Bundeswahlleiter und sein Stellvertreter werden vom Bundesminister des Innern, die Landeswahlleiter, Kreiswahlleiter und Wahlvorsteher sowie ihre Stellvertreter von der Landesregierung oder der von ihr bestimmten Stelle ernannt.
Die Beisitzer der Wahlausschüsse und die Mitglieder der Wahlvorstände üben ihre Tätigkeit ehrenamtlich aus. Zur Übernahme dieses Ehrenamtes ist jeder Wahlberechtigte verpflichtet.

Wahltag

Der Bundespräsident bestimmt den Wahltag. Wahltag muß ein Sonntag oder gesetzlicher Feiertag sein, damit möglichst viele Bürger zur Wahl gehen können.

Wählerverzeichnis und Wahlschein

Die Gemeindebehörden führen für jeden Wahlbezirk ein Verzeichnis der Wahlberechtigten. Das Wählerverzeichnis wird vom zwanzigsten bis fünfzehnten Tag vor der Wahl zur allgemeinen Einsicht öffentlich ausgelegt.

Einreichung der Wahlvorschläge

Kreiswahlvorschläge sind dem Kreiswahlleiter, Landeslisten dem Landeswahlleiter spätestens am vierunddreißigsten Tage vor der Wahl bis 18 Uhr schriftlich einzureichen.

Kreiswahlvorschläge

Der Kreiswahlvorschlag darf nur den Namen eines Bewerbers enthalten. Jeder Bewerber kann nur in einem Wahlkreis und hier nur in einem Kreiswahlvorschlag benannt werden. Als Bewerber kann nur vorgeschlagen werden, wer seine Zustimmung dazu schriftlich erteilt hat; die Zustimmung ist unwiderruflich.
Kreiswahlvorschläge, die nicht von Parteien eingereicht werden, müssen von mindestens 200 Wahlberechtigten des Wahlkreises persönlich und handschriftlich unterzeichnet sein.

Zulassung der Kreiswahlvorschläge

Der Kreiswahlausschuß entscheidet am dreißigsten Tage vor der Wahl über die Zulassung der Kreiswahlvorschläge. Er hat Kreiswahlvorschläge zurückzuweisen, wenn sie
1. verspätet eingereicht sind oder
2. den Anforderungen des Bundeswahlgesetzes nicht entsprechen.

Landeslisten

Landeslisten können nur von Parteien eingereicht werden.

Zulassung der Landeslisten

Der Landeswahlausschuß entscheidet am dreißigsten Tage vor der Wahl über die Zulassung der Landeslisten. Er hat Landeslisten zurückzuweisen, wenn sie
1. verspätet eingereicht sind oder
2. den Anforderungen des Bundeswahlgesetzes nicht entsprechen.
Der Landeswahlleiter macht die zugelassenen Landeslisten spätestens am zwanzigsten Tage vor der Wahl öffentlich bekannt.

Wahlhandlung

Öffentlichkeit der Wahlhandlung

Die Wahlhandlung ist öffentlich. Der Wahlvorstand kann Personen, die die Ordnung und Ruhe stören, aus dem Wahlraum verweisen.

Unzulässige Wahlpropaganda

In dem Gebäude, in dem sich der Wahlraum befindet, ist jede Beeinflussung der Wähler durch Wort, Ton, Schrift oder Bild verboten.

Wahlgeheimnis

Es sind Vorkehrungen dafür zu treffen, daß der Wähler den Stimmzettel unbeobachtet kennzeichnen und in den Umschlag legen kann. Für die Aufnahme der Umschläge sind Wahlurnen zu verwenden, die die Wahrung des Wahlgeheimnisses sicherstellen.

Stimmzettel

Gewählt wird mit amtlichen Stimmzetteln in amtlichen Umschlägen. Der Wähler gibt
1. seine Erststimme in der Weise ab, daß er durch ein auf den Stimmzettel gesetztes Kreuz oder auf andere Weise eindeutig kenntlich macht, welchem Bewerber sie gelten soll,
2. seine Zweitstimme in der Weise ab, daß er durch ein auf den Stimmzettel gesetzes Kreuz oder auf andere Weise eindeutig kenntlich macht, welcher Landesliste sie gelten soll.

Wahlgeräte

Zur Erleichterung der Abgabe und Zählung der Stimmen können anstelle von Stimmzetteln, Wahlumschlägen und Wahlurnen Wahlgeräte mit selbständigen Zählwerken benutzt werden.
Wahlgeräte müssen die Geheimhaltung der Stimmabgabe gewährleisten. Ihre Bauart muß für die Verwendung bei Wahlen zum Deutschen Bundestag amtlich für einzelne Wahlen oder allgemein zugelassen sein.

Briefwahl

Bei der Briefwahl hat der Wähler dem Kreiswahlleiter des Wahlkreises, in dem der Wahlschein ausgestellt worden ist, im verschlossenen Wahlbriefumschlag
a) seinen Wahlschein,
b) in einem besonderen verschlossenen Umschlag seinen Stimmzettel
so rechtzeitig zu übersenden, daß der Wahlbrief spätestens am Wahltage bis 18 Uhr eingeht.

Feststellung des Wahlergebnisses

Nach Beendigung der Wahlhandlung stellt der Wahlvorstand fest, wieviel Stimmen im Wahlbezirk auf die einzelnen Kreiswahlvorschläge und Landeslisten abgegeben worden sind.

Feststellung des Briefwahlergebnisses

Der für die Briefwahl eingesetzte Wahlvorstand stellt fest, wieviel durch Briefwahl abgegebene Stimmen auf die einzelnen Kreiswahlvorschläge und Landeslisten entfallen.

Ungültige Stimmen

Ungültig sind Stimmen, wenn der Stimmzettel u. a.
nicht in einem amtlichen Wahlumschlag abgegeben worden ist,
keine Kennzeichnung enthält,
den Willen des Wählers nicht zweifelsfrei erkennen läßt,
einen Zusatz oder Vorbehalt enthält.

Feststellung des Wahlergebnisses im Wahlkreis

Der Kreiswahlausschuß stellt fest, wieviel Stimmen im Wahlkreis für die einzelnen Kreiswahlvorschläge und Landeslisten abgegeben worden sind und welcher Bewerber als Wahlkreisabgeordneter gewählt ist.
Der Kreiswahlleiter benachrichtigt den gewählten Wahlkreisabgeordneten und fordert ihn auf, binnen einer Woche schriftlich zu erklären, ob er die Wahl annimmt.

Feststellung des Ergebnisses der Landeslistenwahl

Der Landeswahlausschuß stellt fest, wieviel Stimmen im Land für die einzelnen Landeslisten abgegeben worden sind.

Nachwahl

Eine Nachwahl findet statt,
1. wenn in einem Wahlkreis oder in einem Wahlbezirk die Wahl nicht durchgeführt worden ist,
2. wenn ein Wahlkreisbewerber nach der Zulassung des Kreiswahlvorschlages, aber noch vor der Wahl stirbt.

Die Nachwahl soll spätestens drei Wochen nach dem Tage der Hauptwahl stattfinden. Den Tag der Nachwahl bestimmt der Landeswahlleiter.

Die Nachwahl findet nach denselben Vorschriften und auf denselben Grundlagen wie die Hauptwahl statt.

Wiederholungswahl

Wird im Wahlprüfungsverfahren eine Wahl ganz oder teilweise für ungültig erklärt, so ist sie nach Maßgabe der Entscheidungen zu wiederholen.

Die Wiederholungswahl findet nach denselben Vorschriften, denselben Wahlvorschlägen und, wenn seit der Hauptwahl noch nicht sechs Monate verflossen sind, auf Grund derselben Wählerverzeichnisse wie die Hauptwahl statt.

Wahlprüfung

Eine Prüfung der Bundestagswahlergebnisse, die nach Artikel 41 GG dem Bundestag obliegt, erfolgt nur auf Einspruch, den aber jeder Wahlberechtigte beim Bundestag einbringen kann. Gegen eine abweisende Entscheidung des Bundestages kann Verfassungsbeschwerde eingelegt werden, wobei nach den Bestimmungen des Bundesverfassungsgerichtes diese Beschwerde von 100 Wahlberechtigten unterstützt werden muß.

Der Wahlkampf

„Die siebziger Jahre in der Bundesrepublik Deutschland haben gezeigt, wie schwer es geworden ist, die Wahlkampfzeiten zu begrenzen. Durch die knappen Mehrheitsverhältnisse in Bonn sind fast alle Landtagswahlen zu bundespolitischer Bedeutung aufgestiegen, selbst Kommunalwahlen bekamen diesen Akzent. Der erfolgreiche Politiker steht praktisch unter dem Zwang, dauernd nachzuweisen, daß er in der Lage ist, für seine Politik in Wahlen Mehrheiten zu erringen. Für Politiker und Parteien ist Wahlkampfführung deshalb das durchgehende Element ihrer Politik. Sie führen einen Dauerwettbewerb zur Erhaltung oder Erringung der Regierungsverantwortung, einen Wettbewerb um Wählerstimmen. Ob man diesen Wettbewerb nun immer Wahlkampf nennen will oder nicht, ist eine zweitrangige Frage, weil die Parteien und Politiker in der politischen Praxis vor dem Dauerproblem stehen, wie sie mit den Wählern politisch kommunizieren sollen. Schließlich weiß man, daß Images von Parteien und Politikern nicht von heute auf morgen gebildet werden, sondern langsam wachsen und sich ausformen. Wer sein Bild nicht langfristig zu formen in der Lage ist, kann das nicht wenige Wochen oder Monate vor der Wahl schaffen. Auch weiß man, daß 80 % der Wähler zu Beginn des heißen Wahlkampfes bereits entschieden sind und sich somit ihre Meinung über die Politik bereits gebildet haben. Natürlich haben die Parteien ihre Stammwählerschaft, aber sie reicht nicht, um die Macht zu erhalten oder neu zu erringen. Auch stehen sich die verschiedenen Blöcke nicht so starr gegenüber, daß nicht hier und dort wichtige Wählerwanderungen die Entscheidung herbeiführen können. Politische Kommunikation ist damit zur Begleiterscheinung moderner Politik geworden. Der gewählte Politiker muß sofort an seine Wiederwahl denken, zumal die Kurzlebigkeit der politischen Führung in den westlichen Demokratien ihre Aufmerksamkeit erhöht hat. Sofort nach der Wahl muß die Wiederwahl vorbereitet werden — diese Maxime jeder politischen Strategie zwingt die Politiker in den Demokratien zur intensiven Beachtung politischer Kommunikation."
(Peter Radunski, Wahlkämpfe, München—Wien, 1980).

Der Autor dieses Zitates, Peter Radunski, war Wahlkampfleiter der CDU im Bundestagswahlkampf 1980.

Der neue Wahlkampf beginnt also nach der soeben entschiedenen Wahl — alles politische Handeln geschieht mit einem Seitenblick auf die Wirkung des Handelns beim Wähler.

Für politische Bildungsarbeit ist ein Wahlkampf deshalb von faszinierendem Interesse, weil die Politiker nun mit größtem Eifer und unter Aufbietung aller propagandistischen Mittel in die Öffentlichkeit drängen. Dokumentation und Analyse des Wahlkampfes — und sei dies auf einen Sektor, etwa die Plakatierung beschränkt — bieten einen überaus lebendigen Einstieg in die aktuellen — und strukturellen — politischen Probleme unserer Gesellschaft, und zwar im Spiegel der kontroversen Stellungnahmen der Parteien.

Um wen geht es?

Zunächst geht es ganz sicher um die tatsächlich noch unentschiedenen Wähler. Die meisten Parteien, insbesondere die im Bundestag bereits vertretenen Parteien, verfügen über sehr große Stammwählerpotentiale, an denen die Wahlkampfargumentation der politischen Gegner abprallt. Mehr als 80 % der Wähler wissen lange vor dem Wahlkampf, welche Partei sie wählen werden.

Die unentschiedenen Wähler, unter ihnen spielen die Jungwähler eine bedeutende Rolle, sind in den vergangenen Bundestagswahlen ein wahlentscheidender Faktor gewesen, weil sich mit CDU/CSU einerseits und SPD/FDP andererseits zwei etwa gleich starke Gruppierungen gegenüberstanden, zwischen denen bereits geringe Stimmenunterschiede den Ausschlag geben konnten.

Eine weitere Wählergruppe ist bevorzugtes Ziel der Parteienwerbung: die Wechselwähler. Es sind diejenigen Wähler, die nicht auf eine bestimmte Partei festgelegt sind, sondern sich von aktuellen Impulsen beeinflussen lassen.

Aber nicht zuletzt gilt der Wahlkampf auch den eigenen Stammwählern —, denn wenn sie ihrer Partei auch anhängen, es nützt nichts, wenn sie nicht auch wirklich zur Wahl gehen! Die Siegesgewißheit ihrer Anhänger in Kombination mit verlockendem Ausflugswetter hat schon manche Partei manche Stimmenprozente gekostet. Umgekehrt haben Alarmmeldungen der Meinungsforscher, die einer bestimmten Partei bedrohliche Ergebnisse prophezeiten, oder auch tatsächliche Krisenereignisse, zur Solidarisierung der Stammwähler und zum Ernstnehmen der Wahl geführt.

Die Wahlkampfmittel

Der heiße Wahlkampf bringt einen massierten Einsatz aller denkbaren Medien, der zumindest in den Grundzügen von den Zentralen der Parteien gesteuert wird. Die Hauptmittel sind:

— Versammlungen und Veranstaltungen mit möglichst prominenten Politikern
— Werbesendungen mit Politikern in Rundfunk und Fernsehen
— Anzeigen in Zeitungen und Zeitschriften
— Straßenplakatierung
— Informationsstände auf Straßen und Plätzen
— Haus- und Kneipenbesuche von Politikern
— Verteilung von Broschüren und Flugblättern
— Einsatz von „Schnick-Schnack" — vom T-Shirt mit Parteiemblem über Buttons und Autoaufkleber bis zum Kartenspiel, dessen Kartenrückseiten Embleme und Slogans verzieren.

Soweit die Parteien die Mittel dafür aufzubringen haben, zahlt sie keineswegs allein der „große Topf" der Parteizentrale, er würde dafür nicht ausreichen. Die Parteizentralen stellen vielmehr komplette, ausgewählte Sortimente der verschiedensten Kleinwerbemittel zusammen, die von den regionalen Parteiinstitutionen gegen Bezahlung bezogen werden können — aber nicht müssen.

Es gibt übrigens sogar spezialisierte Fachgeschäfte, die zu Wahlkampfzeiten Kleinwerbemittel — wie etwa die erwähnten Spielkarten — anbieten, und zwar durchaus „überparteilich", nämlich für mehrere Parteien, auch konkurrierende, zugleich.

Begehrtestes Wahlkampfmittel sind die „Spots", die das Fernsehen den einzelnen Parteien in den besten Sendezeiten einräumt. Dabei erhalten die Parteien nicht gleichmäßig jeweils die gleiche Sendezeit, sondern sie wird ihnen nach einem Schlüssel, der mit dem letzten Wahlergebnis zusammenhängt, zugeteilt. Bevor es damit losgeht, kann man regelmäßig in der Presse von Auseinandersetzungen über und Protesten gegen diese Zumessungen von Sendezeit lesen.

Wahlkampfkosten

Die Kosten, die den einzelnen Parteien durch den Wahlkampf entstehen, sind beträchtlich. Für den Wahlkampf zur Bundestagswahl 1980 gaben die Parteien nach eigenen Angaben die folgenden Summen aus:

- SPD: 40 Millionen DM
- CDU: 36 Millionen DM
- CSU: 9 Millionen DM
- FDP: 8 Millionen DM
- Die Grünen: 2 - 3 Millionen DM

Die hier angegebenen Kosten dürften jedoch nicht die tatsächlichen Wahlkampfkosten sein, sondern etwa die für Wahlkampfwerbemittel. Denn es ist bekannt, daß sich sämtliche Parteien durch den Wahlkampf stark verschulden, obwohl ihnen erhebliche Mittel aus der Wahlkampfkostenerstattung (siehe dort) neben ihren sonstigen Einkünften zufließen. Zugleich sind die Parteien auch bemüht, durch Wahlkampfabkommen untereinander die Wahlkampfkosten zu begrenzen und „Materialschlachten" zu vermeiden.

Wahlkampfkostenerstattung

Nach dem Grundgesetz wirken die Parteien an der politischen Willensbildung mit. Daß sie dies tatsächlich tun, wird unterstellt, wenn sie über eine größere Anhängerschaft verfügen, nämlich wenn sie bei der Wahl mindestens 0,5 % aller abgegebenen gültigen Zweitstimmen, oder aber, falls sie keine Landesliste eingereicht haben, mindestens 10 % der in einem Wahlkreis abgegebenen Erststimmen erzielen.

Parteien, die diese Voraussetzung erfüllen, kommen nach dem Parteiengesetz in den Genuß einer Wahlkampfkostenerstattung, die zur Zeit (Anfang 1983) 3,50 DM je Wahlberechtigtem beträgt.

Bei der Bundestagswahl 1980, für die 43,2 Millionen Bürger wahlberechtigt waren, standen den Parteien insgesamt 151,2 Millionen DM an Wahlkampfkostenerstattung zur Verfügung, die auf die einzelnen Parteien nach dem Verhältnis der von ihnen erzielten Stimmen aufgeteilt wurden.

Diese Erstattungsbeträge, dazu die Mitgliedsbeiträge und die Spenden, reichten indes nicht aus, um die tatsächlichen Gesamtaufwendungen der Parteien aus dem Wahlkampf zu finanzieren. Unter dem Strich blieb bei allen Parteien ein kräftiges Minus.

Wahlkampfabkommen

Im Wahlkampf spielen die Emotionen eine besonders wichtige Rolle. Mit lateinischen – von griechischen ganz zu schweigen! – Zitaten sind keine Massen zu begeistern. Die Argumente müssen handfest und sofort verständlich sein. Und sie kommen am besten an, wenn sie den politischen Gegner mit Wucht treffen.

Die politischen Sachfragen sind nun aber in der Regel kompliziert und geben für den Schlagabtausch vor der Öffentlichkeit im Wahlkampf fast ebensowenig her, wie Klassikertexte. Daraus folgt, daß die Härte der Argumentation mit der Entfernung von der Sachauseinandersetzung zunimmt. Also: Je unsachlicher, desto schlagkräftiger — und umgekehrt!

„Eine Schlammschlacht aber nach solchem Muster wäre ein Affront der Bürger, eine Beleidigung ihrer Intelligenz und eine Verkennung dessen, was dem Lande heute nottut. Es'braucht nicht polemische Vernebelung, sondern Klärung; nicht dümmliche Vereinfachung, sondern differenzierende Argumentation; nicht Plakate, sondern Einsichten. Wer eine Wende der deutschen Politik bewirken — oder auch: verhindern — will, muß deutlich machen, worum es geht und worauf es ankommt. Er darf nicht nur Sprechblasen absondern und sich im übrigen mit der Schmähung, ja Verteufelung des Gegners begnügen. Er muß Unterschiede und Alternativen sachlich darstellen, muß die Urteilskraft des Wählers stärken, nicht sie in einem Schwall von polarisierenden Plattheiten ertränken wollen."
(Aus: Theo Sommer, Rüpeln und Rempeln. In DIE ZEIT vom 14.1.83)

Den Parteien ist dies ebenso bewußt wie die Gefahr einer weiteren Eskalierung von politischen Auseinandersetzungen, wenn sie erst einmal die nötigen Hitzegrade erreicht haben. Diese Einsicht ist der eine Grund für die auch als „Fairness-Abkommen" bei verschiedenen Wahlkämpfen zwischen den Bundestagsparteien getroffenen Arrangements, sozusagen auf verbale Gewaltanwendung gegeneinander zu verzichten.

Der andere Grund ist das liebe Geld: Das Werbemittel-Wettrüsten wird unfinanzierbar. Die Parteien würden sich alle miteinander ruinieren, wenn sie durch immer weiter betriebenen Werbemitteleinsatz einander übertrumpfen wollten.

Die Wahlkampfabkommen, die bisher getroffen wurden, beinhalteten deswegen einerseits das wechselseitige Versprechen, sich nicht zu verunglimpfen, andererseits eine feste Abmachung über die Höhe der Wahlkampfaufwendungen.

Im Wahlkampfabkommen zur Bundestagswahl 1980 hieß es unter anderem:

Abschnitt I: Führung eines fairen und sachlichen Wahlkampfes

§ 1

Die Parteien verpflichten sich, den Wahlkampf für die Wahlen zum Deutschen Bundestag in fairer und sachlicher Weise zu führen.

Diese Verpflichtung gilt insbesondere für die nachfolgend aufge-
führten Tatbestände. Die Parteien

— verzichten auf jede Art von persönlicher Verunglimpfung und Beleidigung
— verzichten auf die Verbreitung von Behauptungen über andere
  Parteien, die geeignet sind, diese zu verunglimpfen
— verpflichten sich organisierte Störungen von Wahlveranstaltungen
  der anderen Parteien zu unterlassen und sich auch nicht an solchen Störungen durch Dritte zu beteiligen
— werden ihre Mitglieder auffordern, Plakate anderer Parteien nicht
  zu entfernen oder zu beschädigen. Sie erklären sich bereit, sich gegenseitig bei der strafrechtlichen oder zivilrechtlichen Verfolgung
  derartiger Delikte zu unterstützen
— verpflichten sich, die Verwendung jeglichen Werbematerials zu
  unterlassen, durch die die Adressaten über den Urheber irrege-
  führt werden können ...

Wählerinitiativen

Der Begriff klingt gut, er verspricht initiative Wähler, was nach
einer Variante von begrüßenswerter politischer Partizipation aussieht.

Besonders die Wahlkämpfe von 1976 und 1980 haben interessante
Beispiele dafür gezeigt, was alles unter dem Begriff „Wählerinitiative"
verstanden werden kann:

Es gab Wählerinitiativen „für" und „gegen" irgendwen oder irgendeine Partei. Es gab solche Initiativen, die offensichtlich von ir-
gendjemandem ins Leben gerufen wurden, um aus eigenen Kräften
und Mitteln (!) die Wähler mit Hilfe von Veröffentlichungen und/
oder Aktionen zu beeinflussen.

Und es gab eine zweite Kategorie von „Wählerinitiativen", die
ebenso offensichtlich nichts weiter als irreguläre Hilfstruppen der
einzelnen Parteien waren, nur mit einer leichten Tarnung, mit dem
spontan-demokratischen Mäntelchen des Begriffs „Wählerinitiative".

Ausführlicheres darüber ist nachzulesen z. B. in Just/Romain,
Auf der Suche nach dem mündigen Wähler, Bonn 1974. Im Wahl-
teien gegenseitig, daß sie sich von der zweifelhaften Unterstützung
solcher Initiativen distanzieren würden:

„Die Parteien verpflichten sich, sich von Äußerungen Dritter zu
distanzieren, die in Publikationen oder in sonstiger Weise öffentlich
unwahre, verleumderische oder beleidigende Behauptungen erheben
und diese gleichzeitig mit einer Unterstützungserklärung für eine der
Parteien verbinden."
(Aus: Wahlkampfabkommen 1980)

Es hat die Initiativen nicht abgeschreckt, 1980 dennoch initiativ zu werden. Eine weitere interessante Aufgabe für praktische politische Bildungsarbeit ist es, Wahlkämpfe auf die Aktivitäten eventueller Wählerinitiativen hin zu beobachten.

BUNDESWAHLGESETZ (BWG)

in der Fassung der Bekanntmachungen vom 1. September 1975 (BGBl. I S. 2325) und 4. August 1976 (BGBl. I S. 2133, 2799), geändert durch Gesetz vom 20. Juli 1979

ERSTER ABSCHNITT
WAHLSYSTEM

§ 1
Zusammensetzung des Deutschen Bundestages und Wahlrechtsgrundsätze

(1) Der Deutsche Bundestag besteht vorbehaltlich der sich aus diesem Gesetz ergebenden Abweichungen aus 518 Abgeordneten. Sie werden in allgemeiner, unmittelbarer, freier, gleicher und geheimer Wahl von den wahlberechtigten Deutschen nach den Grundsätzen einer mit der Personenwahl verbundenen Verhältniswahl gewählt.

(2) Von den Abgeordneten werden 259 nach Kreiswahlvorschlägen in den Wahlkreisen und die übrigen nach Landeswahlvorschlägen (Landeslisten) gewählt.

§ 2
Gliederung des Wahlgebietes

(1) Wahlgebiet ist der Geltungsbereich dieses Gesetzes.
(2) Die Einteilung des Wahlgebietes in Wahlkreise ergibt sich aus der Anlage zu diesem Gesetz.
(3) Jeder Wahlkreis wird für die Stimmabgabe in Wahlbezirke eingeteilt.

§ 3
Wahlkreiskommission und Wahlkreiseinteilung

(1) Der Bundespräsident ernennt eine ständige Wahlkreiskommission. Sie besteht aus dem Präsidenten des Statistischen Bundesamtes, einem Richter des Bundesverwaltungsgerichts und fünf weiteren Mitgliedern.

(2) Die Wahlkreiskommission hat die Aufgabe, über Änderungen der Bevölkerungszahlen im Wahlgebiet zu berichten und darzulegen, ob und welche Änderungen der Wahlkreiseinteilung sie mit Hinblick darauf für erforderlich hält. Sie kann in ihrem Bericht auch aus anderen Gründen Änderungsvorschläge machen. Bei ihren Vorschlägen zur Wahlkreiseinteilung hat sie folgende Grundsätze zu beachten:

1. Die Ländergrenzen sind einzuhalten.
2. Die Bevölkerungszahl eines Wahlkreises soll von der durchschnittlichen Bevölkerungszahl der Wahlkreise nicht um mehr als 25 vom Hundert nach oben oder unten abweichen; beträgt die Abweichung mehr als 33 1/3 vom Hundert, ist eine Neuabgrenzung vorzunehmen.
3. Die Zahl der Wahlkreise in den einzelnen Ländern soll deren Bevölkerungsanteil soweit wie möglich entsprechen.

4. Der Wahlkreis soll ein zusammenhängendes Gebiet bilden.

5. Die Grenzen der Gemeinden, Kreise und kreisfreien Städte sollen nach Möglichkeit eingehalten werden.

Bei Ermittlung der Bevölkerungszahlen bleiben Ausländer (§ 1 Abs. 2 des Ausländergesetzes) unberücksichtigt.

(3) Der Bericht der Wahlkreiskommission ist dem Bundesminister des Innern innerhalb von eineinhalb Jahren nach Beginn der Wahlperiode des Deutschen Bundestages zu erstatten. Der Bundesminister des Innern leitet ihn unverzüglich dem Deutschen Bundestag zu und veröffentlicht ihn im Bundesanzeiger. Auf Ersuchen des Bundesministers des Innern hat die Wahlkreiskommission einen ergänzenden Bericht zu erstatten; für diesen Fall gilt Satz 2 entsprechend.

(4) Werden Landesgrenzen nach den gesetzlichen Vorschriften über das Verfahren bei sonstigen Änderungen des Gebietsbestandes der Länder nach Artikel 29 Abs. 7 des Grundgesetzes geändert, so ändern sich entsprechend auch die Grenzen der betroffenen Wahlkreise. Werden im aufnehmenden Land zwei oder mehrere Wahlkreise berührt oder wird eine Exklave eines Landes gebildet, so bestimmt sich die Wahlkreiszugehörigkeit des neuen Landesteiles nach der Wahlkreiszugehörigkeit der Gemeinde, des Gemeindebezirks oder des gemeindefreien Gebietes, denen er zugeschlagen wird.

§ 4
Stimmen

Jeder Wähler hat zwei Stimmen, eine Erststimme für die Wahl eines Wahlkreisabgeordneten, eine Zweitstimme für die Wahl einer Landesliste.

§ 5
Wahl in den Wahlkreisen

In jedem Wahlkreis wird ein Abgeordneter gewählt. Gewählt ist der Bewerber, der die meisten Stimmen auf sich vereinigt. Bei Stimmengleichheit entscheidet das vom Kreiswahlleiter zu ziehende Los.

§ 6
Wahl nach Landeslisten

(1) Für die Verteilung der nach Landeslisten zu besetzenden Sitze werden die für jede Landesliste abgegebenen Zweitstimmen zusammengezählt. Nicht berücksichtigt werden dabei die Zweitstimmen derjenigen Wähler, die ihre Erststimme für einen im Wahlkreis erfolgreichen Bewerber abgegeben haben, der gemäß § 20 Abs. 3 oder von einer Partei, für die in dem betreffenden Lande keine Landesliste zugelassen ist, vorgeschlagen ist. Von der Gesamtzahl der Abgeordneten (§ 1 Abs. 1) wird die Zahl der erfolgreichen Wahlkreisbewerber abgezogen, die in Satz 2 genannt oder von einer nach Absatz 4 nicht zu berücksichtigenden Partei vorgeschlagen sind. Die verbleibenden Sitze werden auf die Landeslisten im Verhältnis der Summen ihrer nach den Sätzen 1 und 2 zu berücksichtigenden Zweitstimmen im Höchstzahlverfahren d'Hondt verteilt. Über die Zuteilung des letzten Sitzes entscheidet bei gleichen Höchstzahlen das vom Bundeswahlleiter zu ziehende Los.

(2) Von der für jede Landesliste so ermittelten Abgeordnetenzahl wird die Zahl der von der Partei in den Wahlkreisen des Landes errungenen Sitze abge-

rechnet. Die restlichen Sitze werden aus der Landesliste in der dort festgelegten Reihenfolge besetzt. Bewerber, die in einem Wahlkreis gewählt sind, bleiben auf der Landesliste unberücksichtigt. Entfallen auf eine Landesliste mehr Sitze als Bewerber benannt sind, so bleiben diese Sitze unbesetzt.

(3) In den Wahlkreisen errungene Sitze verbleiben einer Partei auch dann, wenn sie die nach Absatz 1 ermittelte Zahl übersteigen. In einem solchen Falle erhöht sich die Gesamtzahl der Sitze (§ 1 Abs. 1) um die Unterschiedszahl; eine erneute Berechnung nach Absatz 1 findet nicht statt.

(4) Bei Verteilung der Sitze auf die Landeslisten werden nur Parteien berücksichtigt, die mindestens 5 vom Hundert der im Wahlgebiet abgegebenen gültigen Zweitstimmen erhalten oder in mindestens drei Wahlkreisen einen Sitz errungen haben. Satz 1 findet auf die von Parteien nationaler Minderheiten eingereichten Listen keine Anwendung.

§ 7
Listenverbindung

(1) Landeslisten derselben Partei gelten als verbunden, soweit nicht erklärt wird, daß eine oder mehrere beteiligte Landeslisten von der Listenverbindung ausgeschlossen sein sollen.

(2) Verbundene Listen gelten bei der Sitzverteilung im Verhältnis zu den übrigen Listen als eine Liste.

(3) Die auf eine Listenverbindung entfallenden Sitze werden auf die beteiligten Landeslisten im Verhältnis ihrer Zweitstimmen im Höchstzahlverfahren d'Hondt verteilt. § 6 Abs. 1 Satz 1, 2, 4, 5, Abs. 2 und 3 gilt entsprechend.

ZWEITER ABSCHNITT
WAHLORGANE

§ 8
Gliederung der Wahlorgane

(1) Wahlorgane sind

der Bundeswahlleiter und der Bundeswahlausschuß für das Wahlgebiet,
ein Landeswahlleiter und ein Landeswahlausschuß für jedes Land,
ein Kreiswahlleiter und ein Kreiswahlausschuß für jeden Wahlkreis,
ein Wahlvorsteher und ein Wahlvorstand für jeden Wahlbezirk und mindestens ein Wahlvorsteher und ein Wahlvorstand für jeden Wahlkreis zur Feststellung des Briefwahlergebnisses. Wieviel Briefwahlvorstände zu bilden sind, um das Ergebnis der Briefwahl noch am Wahltage feststellen zu können, bestimmt der Kreiswahlleiter.

(2) Für mehrere benachbarte Wahlkreise kann ein gemeinsamer Kreiswahlleiter bestellt und ein gemeinsamer Kreiswahlausschuß gebildet werden; die Anordnung trifft der Landeswahlleiter.

(3) Zur Feststellung des Briefwahlergebnisses können Wahlvorsteher und Wahlvorstände statt für jeden Wahlkreis für einzelne oder mehrere Gemeinden oder für jeden Kreis innerhalb des Wahlkreises eingesetzt werden; die Anordnung trifft die Landesregierung oder die von ihr bestimmte Stelle.

§ 9
Bildung der Wahlorgane

(1) Der Bundeswahlleiter und sein Stellvertreter werden vom Bundesminister des Innern, die Landeswahlleiter, Kreiswahlleiter und Wahlvorsteher sowie ihre Stellvertreter von der Landesregierung oder der von ihr bestimmten Stelle ernannt.

(2) Die Wahlausschüsse bestehen aus dem Wahlleiter als Vorsitzendem und sechs von ihm berufenen Wahlberechtigten als Beisitzern. Die Wahlvorstände bestehen aus dem Wahlvorsteher als Vorsitzendem, seinem Stellvertreter und weiteren drei bis fünf vom Wahlvorsteher berufenen Wahlberechtigten als Beisitzern; die Landesregierung oder die von ihr bestimmte Stelle kann anordnen, daß die Beisitzer des Wahlvorstandes von der Gemeindebehörde und die Beisitzer des Wahlvorstandes zur Feststellung des Briefwahlergebnisses vom Kreiswahlleiter, im Falle einer Anordnung nach § 8 Abs. 3 von der Gemeindebehörde oder von der Kreisverwaltungsbehörde allein oder im Einvernehmen mit dem Wahlvorsteher berufen werden. Bei Berufung der Beisitzer sind die in dem jeweiligen Bezirk vertretenen Parteien nach Möglichkeit zu berücksichtigen.

(3) Niemand darf in mehr als einem Wahlorgan Mitglied sein. Wahlbewerber, Vertrauensmänner für Wahlvorschläge und deren Stellvertreter dürfen nicht zu Mitgliedern eines Wahlorgans bestellt werden.

§ 10
Tätigkeit der Wahlausschüsse und Wahlvorstände

Die Wahlausschüsse und Wahlvorstände verhandeln und entscheiden in öffentlicher Sitzung. Bei den Abstimmungen entscheidet Stimmenmehrheit; bei Stimmengleichheit gibt die Stimme des Vorsitzenden den Ausschlag.

§11
Ehrenämter

Die Beisitzer der Wahlausschüsse und die Mitglieder der Wahlvorstände üben ihre Tätigkeit ehrenamtlich aus. Zur Übernahme dieses Ehrenamtes ist jeder Wahlberechtigte verpflichtet. Das Ehrenamt darf nur aus wichtigem Grunde abgelehnt werden.

DRITTER ABSCHNITT
WAHLRECHT UND WÄHLBARKEIT

§12
Wahlrecht

(1) Wahlberechtigt sind alle Deutschen im Sinne des Artikels 116 Abs. 1 des Grundgesetzes, die am Wahltage
1. das achtzehnte Lebensjahr vollendet haben,
2. seit mindestens drei Monaten im Geltungsbereich dieses Gesetzes eine Wohnung innehaben oder sich sonst gewöhnlich aufhalten,
3. nicht nach § 13 vom Wahlrecht ausgeschlossen sind.

(2) Wahlberechtigt sind bei Vorliegen der sonstigen Voraussetzungen auch Beamte, Soldaten, Angestellte und Arbeiter im öffentlichen Dienst, die auf Anordnung ihres Dienstherrn außerhalb des Geltungsbereiches dieses Gesetzes eine Wohnung innehaben oder sich sonst gewöhnlich aufhalten, sowie die Angehörigen ihres Hausstandes. Bei Rückkehr in den Geltungsbereich dieses Gesetzes gilt die Dreimonatsfrist des Absatzes 1 Nr. 2 nicht.

(3) Wohnung im Sinne dieses Gesetzes ist jeder umschlossene Raum, der zum Wohnen oder Schlafen benutzt wird. Wohnwagen und Wohnschiffe sind jedoch nur dann als Wohnungen anzusehen, wenn sie nicht oder nur gelegentlich fortbewegt werden.

(4) Sofern sie im Geltungsbereich dieses Gesetzes keine Wohnung innehaben, gilt als Wohnung im Sinne des Absatzes 1 Nr. 2

1. für Seeleute sowie für die Angehörigen ihres Hausstandes das von ihnen bezogene Schiff, wenn dieses nach dem Flaggenrechtsgesetz vom 8. Februar 1951 (Bundesgesetzbl. I S. 79), zuletzt geändert durch das Konsulargesetz vom 11. September 1974 (Bundesgesetzbl. I S. 2317), die Bundesflagge zu führen berechtigt ist,

2. für Binnenschiffer sowie für die Angehörigen ihres Hausstandes das von ihnen bezogene Schiff, wenn dieses in einem Schiffsregister im Geltungsbereich dieses Gesetzes eingetragen ist,

3. für im Vollzug gerichtlich angeordneter Freiheitsentziehung befindliche Personen sowie für andere Untergebrachte die Anstalt oder die entsprechende Einrichtung.

§ 13
Ausschluß vom Wahlrecht

Ausgeschlossen vom Wahlrecht ist,

1. wer infolge Richterspruchs das Wahlrecht nicht besitzt.
2. wer entmündigt ist oder wegen geistigen Gebrechens unter Pflegschaft steht, sofern er nicht durch eine Bescheinigung des Vormundschaftsgerichts nachweist, daß die Pflegschaft auf Grund seiner Einwilligung angeordnet ist,
3. wer nach § 63 des Strafgesetzbuches in einem psychiatrischen Krankenhaus untergebracht ist,
4. wer infolge Richterspruchs auf Grund landesrechtlicher Vorschriften wegen Geisteskrankheit oder Geistesschwäche nicht nur einstweilig in einem psychiatrischen Krankenhaus untergebracht ist.

§ 14
Ausübung des Wahlrechts

(1) Wählen kann nur, wer in ein Wählerverzeichnis eingetragen ist oder einen Wahlschein hat.

(2) Wer im Wählerverzeichnis eingetragen ist, kann nur in dem Wahlbezirk wählen, in dessen Wählerverzeichnis er geführt wird.

(3) Wer einen Wahlschein hat, kann an der Wahl des Wahlkreises, in dem der Wahlschein ausgestellt ist, a) durch Stimmabgabe in einem beliebigen Wahlbezirk dieses Wahlkreises oder b) durch Briefwahl teilnehmen.

(4) Jeder Wahlberechtigte kann sein Wahlrecht nur einmal und nur persönlich ausüben.

§ 15
Wählbarkeit

(1) Wählbar ist, wer am Wahltage

1. seit mindestens einem Jahr Deutscher im Sinne des Artikels 116 Abs. 1 des Grundgesetzes ist und
2. das achtzehnte Lebensjahr vollendet hat.

(2) Nicht wählbar ist,

1. wer nach § 13 vom Wahlrecht ausgeschlossen ist,
2. wer infolge Richterspruchs die Wählbarkeit oder die Fähigkeit zur Bekleidung öffentlicher Ämter nicht besitzt oder
3. wer, ohne die deutsche Staatsangehörigkeit zu besitzen, Deutscher im Sinne des Artikels 116 Abs. 1 des Grundgesetzes ist und diese Rechtsstellung durch Ausschlagung der deutschen Staatsangehörigkeit nach dem Gesetz zur Regelung von Fragen der Staatsangehörigkeit vom 22. Februar 1955 (Bundesgesetzbl. I S. 65) erlangt hat.

VIERTER ABSCHNITT
VORBEREITUNG DER WAHL

§ 16
Wahltag

Der Bundespräsident bestimmt den Tag der Hauptwahl (Wahltag). Wahltag muß ein Sonntag oder gesetzlicher Feiertag sein.

§ 17
Wählerverzeichnis und Wahlschein

(1) Die Gemeindebehörden führen für jeden Wahlbezirk ein Verzeichnis der Wahlberechtigten. Das Wählerverzeichnis wird vom zwanzigsten bis fünfzehnten Tage vor der Wahl zur allgemeinen Einsicht öffentlich ausgelegt.

(2) Ein Wahlberechtigter, der verhindert ist, in dem Wahlbezirk zu wählen, in dessen Wählerverzeichnis er eingetragen ist, oder der aus einem von ihm nicht zu vertretenden Grunde in das Wählerverzeichnis nicht aufgenommen worden ist, erhält auf Antrag einen Wahlschein.

§ 18
Wahlvorschlagsrecht

(1) Wahlvorschläge können von Parteien und nach Maßgabe des § 20 von Wahlberechtigten eingereicht werden.

(2) Parteien, die im Deutschen Bundestag oder einem Landtag seit deren letzter Wahl nicht auf Grund eigener Wahlvorschläge ununterbrochen mit minde-

64

stens fünf Abgeordneten vertreten waren, können an solche einen Wahlvorschlag nur einreichen, wenn sie spätestens am siebenundvierzigsten Tage vor der Wahl dem Bundeswahlleiter ihre Beteiligung an der Wahl angezeigt haben und der Bundeswahlausschuß ihre Parteieigenschaft festgestellt hat.

(3) Der Bundeswahlausschuß stellt spätestens am siebenunddreißigsten Tage vor der Wahl für alle Wahlorgane verbindlich fest,

1. welche Parteien im Deutschen Bundestag oder in einem Landtag seit deren letzter Wahl auf Grund eigener Wahlvorschläge ununterbrochen mit mindestens fünf Abgeordneten vertreten waren,

2. welche Vereinigungen, die nach Absatz 2 ihre Beteiligung angezeigt haben, für die Wahl als Parteien anzuerkennen sind.

(4) Eine Partei kann in jedem Wahlkreis nur einen Kreiswahlvorschlag und in jedem Land nur eine Landesliste einreichen.

§ 19
Einreichung der Wahlvorschläge

Kreiswahlvorschläge sind dem Kreiswahlleiter, Landeslisten dem Landeswahlleiter spätestens am vierunddreißigsten Tage vor der Wahl bis 18 Uhr schriftlich einzureichen.

§ 20
Inhalt und Form der Kreiswahlvorschläge

(1) Der Kreiswahlvorschlag darf nur den Namen eines Bewerbers enthalten. Jeder Bewerber kann nur in einem Wahlkreis und hier nur in einem Kreiswahlvorschlag benannt werden. Als Bewerber kann nur vorgeschlagen werden, wer seine Zustimmung dazu schriftlich erteilt hat; die Zustimmung ist unwiderruflich.

(2) Kreiswahlvorschläge von Parteien müssen von dem Vorstand des Landesverbandes oder, wenn Landesverbände nicht bestehen, von den Vorständen der nächstniedrigen Gebietsverbände (§ 7 Abs. 2 des Parteiengesetzes), in deren Bereich der Wahlkreis liegt, persönlich und handschriftlich unterzeichnet sein. Kreiswahlvorschläge der in § 18 Abs. 2 genannten Parteien müssen außerdem von mindestens 200 Wahlberechtigten des Wahlkreises persönlich und handschriftlich unterzeichnet sein; die Wahlberechtigung der Unterzeichner ist bei Einreichung des Kreiswahlvorschlages nachzuweisen. Das Erfordernis von 200 Unterschriften gilt nicht für Kreiswahlvorschläge von Parteien nationaler Minderheiten.

(3) Andere Kreiswahlvorschläge müssen von mindestens 200 Wahlberechtigten des Wahlkreises persönlich und handschriftlich unterzeichnet sein; Absatz 2 Satz 2 zweiter Halbsatz gilt entsprechend.

(4) Kreiswahlvorschläge von Parteien müssen den Namen der einreichenden Partei und sofern sie eine Kurzbezeichnung verwendet, auch diese, andere Kreiswahlvorschläge ein Kennwort enthalten.

§ 21
Aufstellung von Parteibewerbern

(1) Als Bewerber einer Partei kann in einem Kreiswahlvorschlag nur benannt werden, wer in einer Mitgliederversammlung zur Wahl eines Wahlkreisbewer-

bers oder in einer besonderen oder allgemeinen Vertreterversammlung hierzu gewählt worden ist. Mitgliederversammlung zur Wahl eines Wahlkreisbewerbers ist eine Versammlung der im Zeitpunkt ihres Zusammentritts im Wahlkreis zum Deutschen Bundestag wahlberechtigten Mitglieder der Partei. Besondere Vertreterversammlung ist eine Versammlung der von einer derartigen Mitgliederversammlung aus ihrer Mitte gewählten Vertreter. Allgemeine Vertreterversammlung ist eine nach der Satzung der Partei (§ 6 des Parteiengesetzes) allgemein für bevorstehende Wahlen von einer derartigen Mitgliederversammlung aus ihrer Mitte bestellte Versammlung.

(2) In Kreisen und kreisfreien Städten, die mehrere Wahlkreise umfassen, können die Bewerber für diejenigen Wahlkreise, deren Gebiet die Grenze des Kreises oder der kreisfreien Stadt nicht durchschneidet, in einer gemeinsamen Mitglieder- oder Vertreterversammlung gewählt werden.

(3) Die Bewerber und die Vertreter für die Vertreterversammlungen werden in geheimer Abstimmung gewählt. Die Wahlen dürfen frühestens zweiunddreißig Monate, für die Vertreterversammlungen frühestens dreiundzwanzig Monate nach Beginn der Wahlperiode des Deutschen Bundestages stattfinden; dies gilt nicht, wenn die Wahlperiode vorzeitig endet.

(4) Der Vorstand des Landesverbandes oder, wenn Landesverbände nicht bestehen, die Vorstände der nächstniedrigen Gebietsverbände (§ 7 Abs. 2 des Parteiengesetzes), in deren Bereich der Wahlkreis liegt, oder eine andere in der Parteisatzung hierfür vorgesehene Stelle können gegen den Beschluß einer Mitglieder- oder Vertreterversammlung Einspruch erheben. Auf einen solchen Einspruch ist die Abstimmung zu wiederholen. Ihr Ergebnis ist endgültig.

(5) Das Nähere über die Wahl der Vertreter für die Vertreterversammlung, über die Einberufung und Beschlußfähigkeit der Mitglieder- oder Vertreterversammlung sowie über das Verfahren für die Wahl des Bewerbers regeln die Parteien durch ihre Satzungen.

(6) Eine Ausfertigung der Niederschrift über die Wahl des Bewerbers mit Angaben über Ort und Zeit der Versammlung, Form der Einladung, Zahl der erschienenen Mitglieder und Ergebnis der Abstimmung ist mit dem Kreiswahlvorschlag einzureichen. Hierbei haben der Leiter der Versammlung und zwei von dieser bestimmte Teilnehmer gegenüber dem Kreiswahlleiter an Eides Statt zu versichern, daß die Wahl der Bewerber in geheimer Abstimmung erfolgt ist. Der Kreiswahlleiter ist zur Abnahme einer solchen Versicherung an Eides Statt zuständig; er gilt als Behörde im Sinne des § 156 des Strafgesetzbuches.

§ 22

Vertrauensmänner

(1) In jedem Kreiswahlvorschlag sollen ein Vertrauensmann und ein Stellvertreter bezeichnet werden. Fehlt diese Bezeichnung, so gilt der erste Unterzeichner als Vertrauensmann, der zweite als sein Stellvertreter.

(2) Soweit in diesem Gesetz nichts anderes bestimmt ist, sind nur der Vertrauensmann und sein Stellvertreter, jeder für sich, berechtigt, verbindliche Erklärungen zum Kreiswahlvorschlag abzugeben und entgegenzunehmen.

(3) Der Vertrauensmann und sein Stellvertreter können durch schriftliche Erklärung der Mehrheit der Unterzeichner des Kreiswahlvorschlages an den Kreiswahlleiter abberufen und durch andere ersetzt werden.

66

§ 23
Zurücknahme von Kreiswahlvorschlägen

Ein Kreiswahlvorschlag kann durch gemeinsame schriftliche Erklärung des Vertrauensmannes und seines Stellvertreters zurückgenommen werden, solange nicht über seine Zulassung entschieden ist. Ein von mindestens 200 Wahlberechtigten unterzeichneter Kreiswahlvorschlag kann auch von der Mehrheit der Unterzeichner durch eine von ihnen persönlich und handschriftlich vollzogene Erklärung zurückgenommen werden.

§ 24
Änderung von Kreiswahlvorschlägen

Ein Kreiswahlvorschlag kann nach Ablauf der Einreichungsfrist nur durch gemeinsame schriftliche Erklärung des Vertrauensmannes und seines Stellvertreters und nur dann geändert werden, wenn der Bewerber stirbt oder die Wählbarkeit verliert. Das Verfahren nach § 21 braucht nicht eingehalten zu werden, der Unterschriften nach § 20 Abs. 2 und 3 bedarf es nicht. Nach der Entscheidung über die Zulassung eines Kreiswahlvorschlages (§ 26 Abs. 1 Satz 1) ist jede Änderung ausgeschlossen.

§ 25
Beseitigung von Mängeln

(1) Der Kreiswahlleiter hat die Kreiswahlvorschläge unverzüglich nach Eingang zu prüfen. Stellt er bei seinem Kreiswahlvorschlag Mängel fest, so benachrichtigt er sofort den Vertrauensmann und fordert ihn auf, behebbare Mängel rechtzeitig zu beseitigen.

(2) Nach Ablauf der Einreichungsfrist können nur noch Mängel an sich gültiger Wahlvorschläge behoben werden. Ein gültiger Wahlvorschlag liegt nicht vor, wenn

1. die Form oder Frist des § 19 nicht gewahrt ist,

2. die nach § 20 Abs. 2 Sätze 1 und 2 sowie Absatz 3 erforderlichen gültigen Unterschriften mit dem Nachweis der Wahlberechtigung der Unterzeichner fehlen, es sei denn, der Nachweis kann infolge von Umständen, die der Wahlvorschlagsberechtigte nicht zu vertreten hat, nicht rechtzeitig erbracht werden,

3. bei einem Parteiwahlvorschlag die Parteibezeichnung fehlt, die nach § 18 Abs. 2 erforderliche Feststellung der Parteieigenschaft abgelehnt ist oder die Nachweise des § 21 nicht erbracht sind,

4. der Bewerber mangelhaft bezeichnet ist, so daß seine Person nicht feststeht, oder

5. die Zustimmungserklärung des Bewerbers fehlt.

(3) Nach der Entscheidung über die Zulassung eines Kreiswahlvorschlages (§ 26 Abs. 1 Satz 1) ist jede Mängelbeseitigung ausgeschlossen.

(4) Gegen Verfügungen des Kreiswahlleiters im Mängelbeseitigungsverfahren kann der Vertrauensmann den Kreiswahlausschuß anrufen.

§ 26

Zulassung der Kreiswahlvorschläge

(1) Der Kreiswahlausschuß entscheidet am dreißigsten Tage vor der Wahl über die Zulassung der Kreiswahlvorschläge. Er hat Kreiswahlvorschläge zurückzuweisen, wenn sie

1. verspätet eingereicht sind oder

2. den Anforderungen nicht entsprechen, die durch dieses Gesetz und die Bundeswahlordnung aufgestellt sind, es sei denn, daß in diesen Vorschriften etwas anderes bestimmt ist.

Die Entscheidung ist in der Sitzung des Kreiswahlausschusses bekanntzugeben.

(2) Weist der Kreiswahlausschuß einen Kreiswahlvorschlag zurück, so kann binnen drei Tagen nach Bekanntgabe der Entscheidung Beschwerde an den Landeswahlausschuß eingelegt werden. Beschwerdeberechtigt sind der Vertrauensmann des Kreiswahlvorschlages, der Bundeswahlleiter und der Kreiswahlleiter. Der Bundeswahlleiter und der Kreiswahlleiter können auch gegen eine Entscheidung, durch die ein Kreiswahlvorschlag zugelassen wird, Beschwerde erheben. In der Beschwerdeverhandlung sind die erschienenen Beteiligten zu hören. Die Entscheidung über die Beschwerde muß spätestens am vierundzwanzigsten Tage vor der Wahl getroffen werden.

(3) Der Kreiswahlleiter macht die zugelassenen Kreiswahlvorschläge spätestens am zwanzigsten Tage vor der Wahl öffentlich bekannt.

§ 27

Landeslisten

(1) Landeslisten können nur von Parteien eingereicht werden. Sie müssen von dem Vorstand des Landesverbandes oder, wenn Landesverbände nicht bestehen, von den Vorständen der nächstniedrigen Gebietsverbände (§ 7 Abs. 2 des Parteiengesetzes), die im Bereich des Landes liegen, bei den in § 18 Abs. 2 genannten Parteien außerdem von 1 vom Tausend der Wahlberechtigten des Landes bei der letzten Bundestagswahl, jedoch höchstens 2000 Wahlberechtigten, persönlich und handschriftlich unterzeichnet sein. Die Wahlberechtigung der Unterzeichner eines Wahlvorschlages einer der in § 18 Abs. 2 genannten Parteien ist bei Einreichung der Landesliste nachzuweisen. Das Erfordernis zusätzlicher Unterschriften gilt nicht für Landeslisten von Parteien nationaler Minderheiten.

(2) Landeslisten müssen den Namen der einreichenden Partei und, sofern sie eine Kurzbezeichnung verwendet, auch diese enthalten.

(3) Die Namen der Bewerber müssen in erkennbarer Reihenfolge aufgeführt sein. Fehlt die erkennbare Reihenfolge, so gilt die alphabetische Reihenfolge der Familiennamen und bei gleichen Familiennamen die der Vornamen.

(4) Ein Bewerber kann nur in einem Land und hier nur in einer Landesliste vorgeschlagen werden. In einer Landesliste kann nur benannt werden, wer seine Zustimmung dazu schriftlich erklärt hat; die Zustimmung ist unwiderruflich.

(5) § 21 Abs. 1, 3, 5 und 6 sowie die §§ 22 bis 25 gelten entsprechend mit der Maßgabe, daß die Versicherung an Eides Statt nach § 21 Abs. 6 Satz 2 sich auch darauf zu erstrecken hat, daß die Festlegung der Reihenfolge der Bewerber in der Landesliste in geheimer Abstimmung erfolgt ist.

§ 28

Zulassung der Landeslisten

(1) Der Landeswahlausschuß entscheidet am dreißigsten Tage vor der Wahl über die Zulassung der Landeslisten. Er hat Landeslisten zurückzuweisen, wenn sie

1. verspätet eingereicht sind oder

2. den Anforderungen nicht entsprechen, die durch dieses Gesetz und die Bundeswahlordnung aufgestellt sind, es sei denn, daß in diesen Vorschriften etwas anderes bestimmt ist.

Sind die Anforderungen nur hinsichtlich einzelner Bewerber nicht erfüllt, so werden ihre Namen aus der Landesliste gestrichen. Die Entscheidung ist in der Sitzung des Landeswahlausschusses bekanntzugeben.

(2) Weist der Landeswahlausschuß eine Landesliste ganz oder teilweise zurück, so kann binnen drei Tagen nach Bekanntgabe der Entscheidung Beschwerde an den Bundeswahlausschuß eingelegt werden. Beschwerdeberechtigt sind der Vertrauensmann der Landesliste und der Landeswahlleiter. Der Landeswahlleiter kann auch gegen eine Entscheidung, durch die eine Landesliste zugelassen wird, Beschwerde erheben. In der Beschwerdeverhandlung sind die erschienenen Beteiligten zu hören. Die Entscheidung über die Beschwerde muß spätestens am vierundzwanzigsten Tage vor der Wahl getroffen werden.

(3) Der Landeswahlleiter macht die zugelassenen Landeslisten spätestens am zwanzigsten Tage vor der Wahl öffentlich bekannt.

§ 29

Ausschluß von der Verbindung von Landeslisten

(1) Der Ausschluß von der Listenverbindung (§ 7) ist dem Bundeswahlleiter von dem Vertrauensmann der Landesliste und seinem Stellvertreter durch gemeinsame schriftliche Erklärung spätestens am zwanzigsten Tage vor der Wahl bis 18 Uhr mitzuteilen.

(2) Der Bundeswahlausschuß entscheidet spätestens am sechzehnten Tage vor der Wahl über die Erklärungen nach Absatz 1. § 28 Abs. 1 Satz 2 gilt entsprechend. Die Entscheidung ist in der Sitzung des Bundeswahlausschusses bekanntzugeben.

(3) Der Bundeswahlleiter macht die Listenverbindungen und die Landeslisten, für die eine Erklärung nach Absatz 1 abgegeben wurde, spätestens am fünfzehnten Tage vor der Wahl öffentlich bekannt.

§ 30

Stimmzettel

(1) Die Stimmzettel, die zugehörigen Umschläge und die Wahlbriefumschläge (§ 36 Abs. 1) werden amtlich hergestellt.

(2) Der Stimmzettel enthält

1. für die Wahl in den Wahlkreisen die Namen der Bewerber der zugelassenen Kreiswahlvorschläge, bei Kreiswahlvorschlägen von Parteien außerdem die Namen der Parteien und, sofern sie eine Kurzbezeichnung verwenden, auch diese, bei anderen Kreiswahlvorschlägen außerdem das Kennwort,

2. für die Wahl nach Landeslisten die Namen der Parteien und, sofern sie eine

Kurzbezeichnung verwenden, auch diese, sowie die Namen der ersten fünf Bewerber der zugelassenen Landeslisten.

(3) Die Reihenfolge der Landeslisten von Parteien, die im letzten Deutschen Bundestag vertreten waren, richtet sich nach der Zahl der Zweitstimmen, die sie bei der letzten Bundestagswahl im Land erreicht haben. Die übrigen Landeslisten schließen sich in alphabetischer Reihenfolge der Namen der Parteien an. Die Reihenfolge der Kreiswahlvorschläge richtet sich nach der Reihenfolge der entsprechenden Landeslisten. Sonstige Kreiswahlvorschläge schließen sich in alphabetischer Reihenfolge der Namen der Parteien oder der Kennwörter an.

FÜNFTER ABSCHNITT
WAHLHANDLUNG

§ 31

Öffentlichkeit der Wahlhandlung

Die Wahlhandlung ist öffentlich. Der Wahlvorstand kann Personen, die die Ordnung und Ruhe stören, aus dem Wahlraum verweisen.

§ 32

Unzulässige Wahlpropaganda, unzulässige Veröffentlichung von Wählerbefragungen

(1) In dem Gebäude, in dem sich der Wahlraum befindet, ist jede Beeinflussung der Wähler durch Wort, Ton, Schrift oder Bild verboten.

(2) Die Veröffentlichung von Ergebnissen von Wählerbefragungen nach der Stimmabgabe über den Inhalt der Wahlentscheidung ist vor Ablauf der Wahlzeit unzulässig.

§ 33

Wahrung des Wahlgeheimnisses

(1) Es sind Vorkehrungen dafür zu treffen, daß der Wähler den Stimmzettel unbeobachtet kennzeichnen und in den Umschlag legen kann. Für die Aufnahme der Umschläge sind Wahlurnen zu verwenden, die die Wahrung des Wahlgeheimnisses sicherstellen.

(2) Ein Wähler, der des Lesens unkundig oder durch körperliches Gebrechen behindert ist, den Stimmzettel zu kennzeichnen, in den Wahlumschlag zu legen, diesen dem Wahlvorsteher zu übergeben oder selbst in die Wahlurne zu legen, kann sich der Hilfe einer Person seines Vertrauens bedienen.

§ 34

Stimmabgabe mit Stimmzetteln

(1) Gewählt wird mit amtlichen Stimmzetteln in amtlichen Umschlägen.

(2) Der Wähler gibt

1. seine Erststimme in der Weise ab, daß er durch ein auf den Stimmzettel gesetztes Kreuz oder auf andere Weise eindeutig kenntlich macht, welchem Bewerber sie gelten soll,

2. seine Zweitstimme in der Weise ab, daß er durch ein auf den Stimmzettel gesetztes Kreuz oder auf andere Weise eindeutig kenntlich macht, welcher Landesliste sie gelten soll.

§ 35

Stimmabgabe mit Wahlgeräten

(1) Zur Erleichterung der Abgabe und Zählung der Stimmen können anstelle von Stimmzetteln, Wahlumschlägen und Wahlurnen Wahlgeräte mit selbständigen Zählwerken benutzt werden.

(2) Wahlgeräte im Sinne von Absatz 1 müssen die Geheimhaltung der Stimmabgabe gewährleisten. Ihre Bauart muß für die Verwendung bei Wahlen zum Deutschen Bundestag amtlich für einzelne Wahlen oder allgemein zugelassen sein. Über die Zulassung entscheidet der Bundesminister des Innern auf Antrag des Herstellers des Wahlgerätes. Die Verwendung eines amtlich zugelassenen Wahlgerätes bedarf der Genehmigung durch den Bundesminister des Innern. Die Genehmigung kann für einzelne Wahlen oder allgemein ausgesprochen werden.

(3) Der Bundesminister des Innern wird ermächtigt, durch Rechtsverordnung, die nicht der Zustimmung des Bundesrates bedarf, nähere Bestimmungen zu erlassen über

1. die Voraussetzungen für die amtliche Zulassung der Bauart von Wahlgeräten sowie für die Rücknahme und den Widerruf der Zulassung,

2. das Verfahren für die amtliche Zulassung der Bauart,

3. das Verfahren für die Prüfung eines Wahlgerätes auf die der amtlich zugelassenen Bauart entsprechende Ausführung,

4. die öffentliche Erprobung eines Wahlgerätes vor seiner Verwendung,

5. das Verfahren für die amtliche Genehmigung der Verwendung sowie für die Rücknahme und den Widerruf der Genehmigung,

6. die durch die Verwendung von Wahlgeräten bedingten Besonderheiten im Zusammenhang mit der Wahl.

Die Rechtsverordnung ergeht in den Fällen der Nummern 1 und 3 im Einvernehmen mit dem Bundesminister für Wirtschaft.

(4) Für die Betätigung eines Wahlgerätes gilt § 33 Abs. 1 Satz 1 und Abs. 2 entsprechend.

§ 36

Briefwahl

(1) Bei der Briefwahl hat der Wähler dem Kreiswahlleiter des Wahlkreises, in dem der Wahlschein ausgestellt worden ist, im verschlossenen Wahlbriefumschlag

a) seinen Wahlschein,

b) in einem besonderen verschlossenen Umschlag seinen Stimmzettel

so rechtzeitig zu übersenden, daß der Wahlbrief spätestens am Wahltage bis 18 Uhr eingeht. § 33 Abs. 2 gilt entsprechend.

(2) Auf dem Wahlschein hat der Wähler oder die Person seines Vertrauens gegenüber dem Kreiswahlleiter an Eides Statt zu versichern, daß der Stimmzettel persönlich oder gemäß dem erklärten Willen des Wählers gekennzeichnet wor-

den ist. Der Kreiswahlleiter ist zur Abnahme einer solchen Versicherung an Eides Statt zuständig; er gilt als Behörde im Sinne des § 156 des Strafgesetzbuches.

(3) Im Falle einer Anordnung der Landesregierung oder der von ihr bestimmten Stelle nach § 8 Abs. 3 tritt an die Stelle des Kreiswahlleiters in Absatz 1 Satz 1 und in Absatz 2 die Gemeindebehörde, die den Wahlschein ausgestellt hat, oder die Verwaltungsbehörde des Kreises, in dem diese Gemeinde liegt.

(4) Wahlbriefe können von den Absendern bei der Deutschen Bundespost als Standardbriefe ohne besondere Versendungsform gebührenfrei eingeliefert werden, wenn sie sich in amtlichen Wahlbriefumschlägen befinden. Bei Inanspruchnahme einer besonderen Versendungsform hat der Absender den die jeweils gültige Briefgebühr übersteigenden Betrag zu tragen. Der Bund entrichtet an die Deutsche Bundespost für jeden von ihr beförderten, unfrei eingelieferten oder durch eine besondere Versendungsform übermittelten amtlichen Wahlbriefumschlag die jeweils gültige Briefgebühr.

SECHSTER ABSCHNITT
FESTSTELLUNG DES WAHLERGEBNISSES

§ 37
Feststellung des Wahlergebnisses im Wahlbezirk

Nach Beendigung der Wahlhandlung stellt der Wahlvorstand fest, wieviel Stimmen im Wahlbezirk auf die einzelnen Kreiswahlvorschläge und Landeslisten abgegeben worden sind.

§ 38
Feststellung des Briefwahlergebnisses

Der für die Briefwahl eingesetzte Wahlvorstand stellt fest, wieviel durch Briefwahl abgegebene Stimmen auf die einzelnen Kreiswahlvorschläge und Landeslisten entfallen.

§ 39
Ungültige Stimmen, Zurückweisung von Wahlbriefen, Auslegungsregeln

(1) Ungültig sind Stimmen, wenn der Stimmzettel
1. nicht in einem amtlichen Wahlumschlag abgegeben worden ist,
2. in einem Wahlumschlag abgegeben worden ist, der offensichtlich in einer das Wahlgeheimnis gefährdenden Weise von den übrigen abweicht oder einen deutlich fühlbaren Gegenstand enthält,
3. nicht amtlich hergestellt ist oder für einen anderen Wahlkreis gültig ist,
4. keine Kennzeichnung enthält,
5. den Willen des Wählers nicht zweifelsfrei erkennen läßt,
6. einen Zusatz oder Vorbehalt enthält.
In den Fällen der Nummern 1 bis 4 sind beide Stimmen ungültig.
(2) Mehrere in einem Wahlumschlag enthaltene Stimmzettel gelten als ein

Stimmzettel, wenn sie gleich lauten oder nur einer von ihnen gekennzeichnet ist; sonst zählen sie als ein Stimmzettel mit zwei ungültigen Stimmen.

(3) Ist der Wahlumschlag leer abgegeben worden, so gelten beide Stimmen als ungültig. Enthält der Stimmzettel nur eine Stimmabgabe, so ist die nicht abgegebene Stimme ungültig.

(4) Bei der Briefwahl sind Wahlbriefe zurückzuweisen, wenn

1. der Wahlbrief nicht rechtzeitig eingegangen ist,

2. dem Wahlbriefumschlag kein oder kein gültiger Wahlschein beiliegt,

3. dem Wahlbriefumschlag kein Wahlumschlag beigefügt ist,

4. weder der Wahlbriefumschlag noch der Wahlumschlag verschlossen ist,

5. der Wahlbriefumschlag mehrere Wahlumschläge aber nicht eine gleiche Anzahl gültiger und mit der vorgeschriebenen Versicherung an Eides Statt versehener Wahlscheine enthält,

6. der Wähler oder die Person seines Vertrauens die vorgeschriebene Versicherung an Eides Statt zur Briefwahl auf dem Wahlschein nicht unterschrieben hat,

7. kein amtlicher Wahlumschlag benutzt worden ist,

8. ein Wahlumschlag benutzt worden ist, der offensichtlich in einer das Wahlgeheimnis gefährdenden Weise von den übrigen abweicht oder einen deutlich fühlbaren Gegenstand enthält.

Die Einsender zurückgewiesener Wahlbriefe werden nicht als Wähler gezählt; ihre Stimmen gelten als nicht abgegeben.

(5) Die Stimmen eines Wählers, der an der Briefwahl teilgenommen hat, werden nicht dadurch ungültig, daß er vor dem oder am Wahltage stirbt, aus dem Geltungsbereich dieses Gesetzes verzieht oder sein Wahlrecht nach § 13 verliert.

§ 40

Entscheidung des Wahlvorstandes

Der Wahlvorstand entscheidet über die Gültigkeit der abgegebenen Stimmen und über alle bei der Wahlhandlung und bei der Ermittlung des Wahlergebnisses sich ergebenden Anstände. Der Kreiswahlausschuß hat das Recht der Nachprüfung.

§ 41

Feststellung des Wahlergebnisses im Wahlkreis

(1) Der Kreiswahlausschuß stellt fest, wieviel Stimmen im Wahlkreis für die einzelnen Kreiswahlvorschläge und Landeslisten abgegeben worden sind und welcher Bewerber als Wahlkreisabgeordneter gewählt ist.

(2) Der Kreiswahlleiter benachrichtigt den gewählten Wahlkreisabgeordneten und fordert ihn auf, binnen einer Woche schriftlich zu erklären, ob er die Wahl annimmt.

§ 42

Feststellung des Ergebnisses der Landeslistenwahl

(1) Der Landeswahlausschuß stellt fest, wieviel Stimmen im Land für die einzelnen Landeslisten abgegeben worden sind.

(2) Der Bundeswahlausschuß stellt fest, wieviel Sitze auf die einzelnen Landeslisten entfallen und welche Bewerber gewählt sind.

(3) Der Landeswahlleiter benachrichtigt die Gewählten und fordert sie auf, binnen einer Woche schriftlich zu erklären, ob sie die Wahl annehmen.

SIEBENTER ABSCHNITT
BESONDERE VORSCHRIFTEN FÜR NACHWAHLEN UND WIEDERHOLUNGSWAHLEN

§ 43
Nachwahl

(1) Eine Nachwahl findet statt,
1. wenn in einem Wahlkreis oder in einem Wahlbezirk die Wahl nicht durchgeführt worden ist,
2. wenn ein Wahlkreisbewerber nach der Zulassung des Kreiswahlvorschlages, aber noch vor der Wahl stirbt.

(2) Die Nachwahl soll spätestens drei Wochen nach dem Tage der Hauptwahl stattfinden. Den Tag der Nachwahl bestimmt der Landeswahlleiter.

(3) Die Nachwahl findet nach denselben Vorschriften und auf denselben Grundlagen wie die Hauptwahl statt.

§ 44
Wiederholungswahl

(1) Wird im Wahlprüfungsverfahren eine Wahl ganz oder teilweise für ungültig erklärt, so ist sie nach Maßgabe der Entscheidung zu wiederholen.

(2) Die Wiederholungswahl findet nach denselben Vorschriften, denselben Wahlvorschlägen und, wenn seit der Hauptwahl noch nicht sechs Monate verflossen sind, auf Grund derselben Wählerverzeichnisse wie die Hauptwahl statt, soweit nicht die Entscheidung im Wahlprüfungsverfahren hinsichtlich der Wahlvorschläge und Wählerverzeichnisse Abweichungen vorschreibt.

(3) Die Wiederholungswahl muß spätestens sechzig Tage nach Rechtskraft der Entscheidung stattfinden, durch die die Wahl für ungültig erklärt worden ist. Ist die Wahl nur teilweise für ungültig erklärt worden, so unterbleibt die Wiederholungswahl, wenn feststeht, daß innerhalb von sechs Monaten ein neuer Deutscher Bundestag gewählt wird. Den Tag der Wiederholungswahl bestimmt der Landeswahlleiter, im Falle einer Wiederholungswahl für das ganze Wahlgebiet der Bundespräsident.

(4) Auf Grund der Wiederholungswahl wird das Wahlergebnis nach den Vorschriften des Sechsten Abschnitts neu feststellt. § 41 Abs. 2 und § 42 Abs. 3 gelten entsprechend.

ACHTER ABSCHNITT

ERWERB UND VERLUST DER MITGLIEDSCHAFT IM DEUTSCHEN BUNDESTAG

§ 45

Erwerb der Mitgliedschaft im Deutschen Bundestag

Ein gewählter Bewerber erwirbt die Mitgliedschaft im Deutschen Bundestag mit dem frist- und formgerechten Eingang der auf die Benachrichtigung nach § 41 Abs. 2 oder § 42 Abs. 3 erfolgenden Annahmeerklärung beim zuständigen Wahlleiter, jedoch nicht vor Ablauf der Wahlperiode des letzten Deutschen Bundestages und im Falle des § 44 Abs. 4 nicht vor Ausscheiden des nach dem ursprünglichen Wahlergebnis gewählten Abgeordneten. Gibt der Gewählte bis zum Ablauf der gesetzlichen Frist keine oder keine formgerechte Erklärung ab, so gilt die Wahl zu diesem Zeitpunkt als angenommen. Eine Erklärung unter Vorbehalt gilt als Ablehnung. Annahme- und Ablehnungserklärung können nicht widerrufen werden.

§ 46

Verlust der Mitgliedschaft im Deutschen Bundestag

(1) Ein Abgeordneter verliert die Mitgliedschaft im Deutschen Bundestag bei

1. Ungültigkeit des Erwerbs der Mitgliedschaft,

2. Neufeststellung des Wahlergebnisses,

3. Wegfall einer Voraussetzung seiner jederzeitigen Wählbarkeit,

4. Verzicht,

5. Feststellung der Verfassungswidrigkeit der Partei oder der Teilorganisation einer Partei, der er angehört, durch das Bundesverfassungsgericht nach Artikel 21 Abs. 2 Satz 2 des Grundgesetzes.

Verlustgründe nach anderen gesetzlichen Vorschriften bleiben unberührt.

(2) Bei Ungültigkeit seiner Wahl im Wahlkreis bleibt der Abgeordnete Mitglied des Deutschen Bundestages, wenn er zugleich auf einer Landesliste gewählt war, aber nach § 6 Abs. 2 Satz 3 unberücksichtigt geblieben ist.

(3) Der Verzicht ist nur wirksam, wenn er zur Niederschrift des Präsidenten des Deutschen Bundestages, eines deutschen Notars, der seinen Sitz im Geltungsbereich dieses Gesetzes hat, oder eines zur Vornahme von Beurkundungen ermächtigten Bediensteten einer deutschen Auslandsvertretung erklärt wird. Die notarielle oder bei einer Auslandsvertretung abgegebene Verzichtserklärung hat der Abgeordnete dem Bundestagspräsidenten zu übermitteln. Der Verzicht kann nicht widerrufen werden.

(4) Wird eine Partei oder die Teilorganisation einer Partei durch das Bundesverfassungsgericht nach Artikel 21 Abs. 2 Satz 2 des Grundgesetzes für verfassungswidrig erklärt, verlieren die Abgeordneten ihre Mitgliedschaft im Deutschen Bundestag und die Listennachfolger ihre Anwartschaft, sofern sie dieser Partei oder Teilorganisation in der Zeit zwischen der Antragstellung (§ 43 des Gesetzes über das Bundesverfassungsgericht) und der Verkündung der Entscheidung (§ 46 des Gesetzes über das Bundesverfassungsgericht) angehört haben. Soweit Abgeordnete, die nach Satz 1 ihre Mitgliedschaft verloren haben, in Wahlkreisen gewählt waren, wird die Wahl eines Wahlkreisabge-

ordneten in diesen Wahlkreisen bei entsprechender Anwendung des § 44 Abs. 2 bis 4 wiederholt; hierbei dürfen die Abgeordneten, die nach Satz 1 ihre Mitgliedschaft verloren haben, nicht als Bewerber auftreten. Soweit Abgeordnete, die nach Satz 1 ihre Mitgliedschaft verloren haben, nach einer Landesliste der für verfassungswidrig erklärten Partei oder Teilorganisation der Partei gewählt waren, bleiben die Sitze unbesetzt. Im übrigen gilt § 48 Abs. 1.

§ 47
Entscheidung über den Verlust der Mitgliedschaft

(1) Über den Verlust der Mitgliedschaft nach § 46 Abs. 1 wird entschieden

1. im Falle der Nummer 1 im Wahlprüfungsverfahren,

2. im Falle der Nummern 2 und 5 durch Beschluß des Ältestenrates des Deutschen Bundestages,

3. im Falle der Nummer 3, wenn der Verlust der Wählbarkeit durch rechtskräftigen Richterspruch eingetreten ist, durch Beschluß des Ältestenrates des Deutschen Bundestages, im übrigen im Wahlprüfungsverfahren,

4. im Falle der Nummer 4 durch den Präsidenten des Deutschen Bundestages in der Form der Erteilung einer Bestätigung der Verzichtserklärung.

(2) Wird über den Verlust der Mitgliedschaft im Wahlprüfungsverfahren entschieden, so scheidet der Abgeordnete mit der Rechtskraft der Entscheidung aus dem Deutschen Bundestag aus.

(3) Entscheidet der Ältestenrat oder der Präsident des Deutschen Bundestages über den Verlust der Mitgliedschaft, so scheidet der Abgeordnete mit der Entscheidung aus dem Deutschen Bundestag aus. Die Entscheidung ist unverzüglich von Amts wegen zu treffen. Innerhalb von zwei Wochen nach Zustellung der Entscheidung kann der Betroffene die Entscheidung des Deutschen Bundestages über den Verlust der Mitgliedschaft im Wahlprüfungsverfahren beantragen. Die Zustellung erfolgt nach den Vorschriften des Verwaltungszustellungsgesetzes.

§ 48
Berufung von Listennachfolgern und Ersatzwahlen

(1) Wenn ein gewählter Bewerber stirbt oder die Annahme der Wahl ablehnt oder wenn ein Abgeordneter stirbt oder sonst nachträglich aus dem Deutschen Bundestag ausscheidet, so wird der Sitz aus der Landesliste derjenigen Partei besetzt, für die der Ausgeschiedene bei der Wahl aufgetreten ist. Bei der Nachfolge bleiben diejenigen Listenbewerber unberücksichtigt, die seit dem Zeitpunkt der Aufstellung der Landesliste aus dieser Partei ausgeschieden sind. Ist die Liste erschöpft, so bleibt der Sitz unbesetzt. Die Feststellung, wer als Listennachfolger eintritt, trifft der Landeswahlleiter. § 42 Abs. 3 und § 45 gelten entsprechend.

(2) Ist der Ausgeschiedene als Wahlkreisabgeordneter einer Wählergruppe oder einer Partei gewählt, für die im Land keine Landesliste zugelassen worden war, so findet Ersatzwahl im Wahlkreis statt. Die Ersatzwahl muß spätestens sechzig Tage nach dem Zeitpunkt des Ausscheidens stattfinden. Sie unterbleibt, wenn feststeht, daß innerhalb von sechs Monaten ein neuer Deutscher Bundestag gewählt wird. Die Ersatzwahl wird nach den allgemeinen Vorschriften durchgeführt. Den Wahltag bestimmt der Landeswahlleiter. § 41 Abs. 2 und § 45 gelten entsprechend.

NEUNTER ABSCHNITT
SCHLUSSBESTIMMUNGEN

§ 49

Anfechtung

Entscheidungen und Maßnahmen, die sich unmittelbar auf das Wahlverfahren beziehen, können nur mit den in diesem Gesetz und in der Bundeswahlordnung vorgesehenen Rechtsbehelfen sowie im Wahlprüfungsverfahren angefochten werden.

§ 49 a

Ordnungswidrigkeiten

(1) Ordnungswidrig handelt, wer

1. entgegen § 11 ohne wichtigen Grund ein Ehrenamt ablehnt oder sich ohne genügende Entschuldigung den Pflichten eines solchen entzieht oder

2. entgegen § 32 Abs. 2 Ergebnisse von Wählerbefragungen nach der Stimmabgabe über den Inhalt der Wahlentscheidung vor Ablauf der Wahlzeit veröffentlicht.

(2) Die Ordnungswidrigkeit nach Absatz 1 Nr. 1 kann mit einer Geldbuße bis zu tausend Deutsche Mark, die Ordnungswidrigkeit nach Absatz 1 Nr. 2 mit einer Geldbuße bis zu hunderttausend Deutsche Mark geahndet werden.

(3) Verwaltungsbehörde im Sinne des § 36 Abs. 1 Nr. 1 des Gesetzes über Ordnungswidrigkeiten ist

1. bei Ordnungswidrigkeiten nach Absatz 1 Nr. 1

   a) der Kreiswahlleiter, wenn ein Wahlberechtigter das Amt eines Wahlvorstehers, stellvertretenden Wahlvorstehers oder eines Beisitzers im Wahlvorstand oder im Kreiswahlausschuß,

   b) der Landeswahlleiter, wenn ein Wahlberechtigter das Amt eines Beisitzers im Landeswahlausschuß,

   c) der Bundeswahlleiter, wenn ein Wahlberechtigter das Amt eines Beisitzers im Bundeswahlausschuß

   unberechtigt ablehnt oder sich ohne genügende Entschuldigung den Pflichten eines solchen Amtes entzieht,

2. bei Ordnungswidrigkeiten nach Absatz 1 Nr. 2 der Bundeswahlleiter.

§ 50

Wahlkosten

(1) Der Bund erstattet den Ländern zugleich für ihre Gemeinden (Gemeindeverbände) die durch die Wahl veranlaßten notwendigen Ausgaben durch einen festen, nach Gemeindegrößen abgestuften Betrag je Wahlberechtigten.

(2) Der feste Betrag wird vom Bundesminister des Innern mit Zustimmung des Bundesrates festgesetzt. Bei der Festsetzung werden laufende persönliche und sachliche Kosten und Kosten für Benutzung von Räumen und Einrichtungen der Länder und Gemeinden (Gemeindeverbände) nicht berücksichtigt.

§ 51

Wahlstatistik

(1) Das Ergebnis der Wahlen zum Deutschen Bundestag ist statistisch zu bearbeiten.

(2) In den vom Bundeswahlleiter im Einvernehmen mit den Landeswahlleitern und den Statistischen Landesämtern zu bestimmenden Wahlbezirken sind auch Statistiken über Geschlechts- und Altersgliederung der Wahlberechtigten und Wähler unter Berücksichtigung der Stimmabgabe für die einzelnen Wahlvorschläge zu erstellen. Die Trennung der Wahl nach Altersgruppen und Geschlechtern ist nur zulässig, wenn die Stimmabgabe der einzelnen Wähler dadurch nicht erkennbar wird.

§ 52

Bundeswahlordnung

(1) Der Bundesminister des Innern erläßt die zur Durchführung dieses Gesetzes erforderliche Bundeswahlordnung. Er trifft darin insbesondere Rechtsvorschriften über

1. die Bestellung der Wahlleiter und Wahlvorsteher, die Bildung der Wahlausschüsse und Wahlvorstände sowie über die Tätigkeit, Beschlußfähigkeit und das Verfahren der Wahlorgane,

2. die Berufung in ein Wahlehrenamt, über den Ersatz von Auslagen für Inhaber von Wahlehrenämtern und über das Bußgeldverfahren,

3. die Wahlzeit,

4. die Bildung der Wahlbezirke und ihre Bekanntmachung,

5. die einzelnen Voraussetzungen für die Aufnahme in die Wählerverzeichnisse, deren Führung, Auslegung, Berichtigung und Abschluß, über den Einspruch und die Beschwerde gegen das Wählverzeichnis sowie über die Benachrichtigung der Wahlberechtigten,

6. die einzelnen Voraussetzungen für die Erteilung von Wahlscheinen, deren Ausstellung, über den Einspruch und die Beschwerde gegen die Ablehnung von Wahlscheinen,

7. den Nachweis der Wahlrechtsvoraussetzungen,

8. das Verfahren nach § 18 Abs. 2 und 3,

9. Einreichung, Inhalt und Form der Wahlvorschläge sowie der dazugehörigen Unterlagen, über ihre Prüfung, die Beseitigung von Mängeln, ihre Zulassung, die Beschwerde gegen Entscheidungen des Kreiswahlausschusses und des Landeswahlausschusses sowie die Bekanntgabe der Wahlvorschläge,

10. Form und Inhalt des Stimmzettels und über den Wahlumschlag,

11. Bereitstellung, Einrichtung und Bekanntmachung der Wahlräume sowie über Wahlschutzvorrichtungen und Wahlzellen

12. die Stimmabgabe, auch soweit besondere Verhältnisse besondere Regelungen erfordern,

13. die Briefwahl,

14. die Wahl in Kranken- und Pflegeanstalten, Klöstern, gesperrten Wohnstätten sowie sozialtherapeutischen und Justizvollzugsanstalten,

15. die Feststellung der Wahlergebnisse, ihre Weitermeldung und Bekanntgabe sowie die Benachrichtigung der Gewählten,

16. die Durchführung von Nachwahlen, Wiederholungswahlen und Ersatzwahlen sowie die Berufung von Listennachfolgern.

(2) Die Rechtsvorschriften bedürfen nicht der Zustimmung des Bundesrates.

§ 53

Übergangsregelung

Solange im Hinblick auf Artikel 2 des Vertrages über die Beziehungen zwischen der Bundesrepublik Deutschland und den Drei Mächten vom 23. Oktober 1954 (Bundesgesetzbl. 1955 II S. 305) in Verbindung mit dem Schreiben der drei Hohen Kommissare in der Fassung vom 23. Oktober 1954 (Bundesgesetzbl. 1955 II S. 500) der vollen Anwendung dieses Gesetzes im Lande Berlin Hindernisse entgegenstehen, gilt folgende Regelung:

1. Die in § 1 Abs. 1 festgelegte Abgeordnetenzahl verringert sich auf 496, die Zahl der nach § 1 Abs. 2 nach Kreiswahlvorschlägen zu wählenden Abgeordneten auf 248.

2. Dazu treten 22 Abgeordnete des Landes Berlin nach Maßgabe folgender Bestimmungen:

   a) Das Abgeordnetenhaus von Berlin wählt die Abgeordneten sowie eine ausreichende Anzahl von Ersatzmännern auf der Grundlage der Zusammensetzung des Abgeordnetenhauses zum Zeitpunkt der Wahl zum Deutschen Bundestag. Entsprechende Vorschläge machen die zu diesem Zeitpunkt im Abgeordnetenhaus vertretenen Fraktionen und Gruppen.

   b) Die Gewählten erwerben die Mitgliedschaft im Deutschen Bundestag mit der Annahmeerklärung gegenüber dem Präsidenten des Abgeordnetenhauses von Berlin. Dieser übermittelt das Ergebnis der Wahl unter Beifügung der Annahmeerklärungen unverzüglich dem Präsidenten des Deutschen Bundestages.

   d) Für die Wählbarkeit und den Verlust der Mitgliedschaft im Deutschen Bundestag gelten im übrigen die Bestimmungen dieses Gesetzes entsprechend. Scheidet ein Mitglied aus, so rückt der nächste Ersatzmann nach. Er muß derselben Partei angehören wie der Ausgeschiedene zur Zeit seiner Wahl.

§ 53 a

Fristen und Termine

Die in diesem Gesetz vorgesehenen Fristen und Termine verlängern oder ändern sich nicht dadurch, daß der letzte Tag der Frist oder ein Termin auf einen Sonnabend, einen Sonntag, einen gesetzlichen oder staatlich geschützten Feiertag fällt. Eine Wiedereinsetzung in den vorigen Stand ist ausgeschlossen.

§ 54

Berlin-Klausel

Dieses Gesetz gilt nach Maßgabe des § 13 Abs. 1 des Dritten Überleitungsgesetzes vom 4. Januar 1952 (Bundesgesetzbl. I S. 1) auch im Land Berlin. Rechtsverordnungen, die auf Grund dieses Gesetzes erlassen werden, gelten im Land Berlin nach § 14 des Dritten Überleitungsgesetzes.

§ 55

Ausdehnung des Geltungsbereiches dieses Gesetzes

Dieses Gesetz ist in anderen Teilen Deutschlands nach deren Beitritt gemäß Artikel 23 des Grundgesetzes in Kraft zu setzen. Der Zeitpunkt des Inkrafttretens und die Wahlkreiseinteilung werden durch Bundesgesetz bestimmt.

§ 56*

Inkrafttreten

(gegenstandslos)

---

* Das Fünfte Gesetz zur Änderung des Bundeswahlgesetzes vom 20. Juli 1979 ist am 28. Juli 1979 in Kraft getreten.

Grundgesetzartikel, die im Bundeswahlgesetz angesprochen werden:

Artikel 21 (Parteien)

(2) Parteien, die nach ihren Zielen oder nach dem Verhalten ihrer Anhänger darauf ausgehen, die freiheitliche demokratische Grundordnung zu beeinträchtigen oder zu beseitigen oder den Bestand der Bundesrepublik Deutschland zu gefährden, sind verfassungswidrig. Über die Frage der Verfassungswidrigkeit entscheidet das Bundesverfassungsgericht.

Artikel 29 (Neugliederung des Bundesgebietes)

(7) Sonstige Änderungen des Gebietsbestandes der Länder können durch Staatsverträge der beteiligten Länder oder durch Bundesgesetz mit Zustimmung des Bundesrates erfolgen, wenn das Gebiet, dessen Landeszugehörigkeit geändert werden soll, nicht mehr als 10 000 Einwohner hat. Das Nähere regelt ein Bundesgesetz, das der Zustimmung des Bundesrates und der Mehrheit der Mitglieder des Bundestages bedarf. Es muß die Anhörung der betroffenen Gemeinden und Kreise vorsehen.

Artikel 116 (Deutscher im Sinne des Grundgesetzes, Wiedereinbürgerung)

(1) Deutscher im Sinne dieses Grundgesetzes ist vorbehaltlich anderweitiger gesetzlicher Regelung, wer die deutsche Staatsangehörigkeit besitzt oder als Flüchtling oder Vertriebener deutscher Volkszugehörigkeit oder als dessen Ehegatte oder Abkömmling in dem Gebiete des Deutschen Reiches nach dem Stande vom 31. Dezember 1937 Aufnahme gefunden hat.

Anhang:
Die Ton-Dia-Schau
„Demokratie — Parteien — Wähler"

Text und Bilder

Abschnitt 1: Demokratie
Bild 2

Es ist ziemlich lange her, da gab es auf der Erde nur ganz wenige Menschen, möglicherweise nur zwei. Das war eine übersichtliche Situation, und es kam sicher nicht weiter darauf an, wer von beiden, ob überhaupt einer allein, oder beide zusammen die Regierung bildeten.

Allerdings wissen wir auch, daß diese paradiesischen Zeiten irgendwann ein Ende hatten — womit nichts gegen die damalige Regierung gesagt sein soll. . .

Bild 3

Danach kam es zu einer lebhaften Bevölkerungsentwicklung und − leider − zu der bis heute bestehenden Notwendigkeit, eine Art von Regierungsgewalt einzurichten.
Im Anfang dürften dafür ziemlich einfache Argumente gebraucht worden sein: Wer die Keule hatte, hatte áuch das Sagen!

Sicher wurde auch in früheren Zeiten schon hier und dort gewählt. Man könnte sagen, daß auf diese Art der Unterschied zwischen Macht und Gewalt entstand:
Der Anführer erlangte zwar Macht, aber ohne dafür Gewalt anzuwenden.

Bild 5

Eine ziemlich gewaltlose Form war es auch, den Anführer einer Gruppe, eines Stammes, überhaupt eines Gemeinwesens, durch das Los zu bestimmen.

Bild 6

Und schließlich – mancherorts bis heute – konnte man die Macht auch erben.
Wer die richtigen Eltern hatte, war schon Fürst, bevor er verstehen konnte, was
das ist.

Bild 7

Heute leben in den vielen Ländern der Erde jeweils Millionen von Menschen. In diesen großen, schwer überschaubaren, komplizierten Gesellschaften kommt der Macht im Staate eine alles entscheidende Bedeutung zu.

Der Schutz des Volkes nach außen; sein wirtschaftliches Wohlergehen, seine Gesundheit, die Ordnung des Zusammenlebens, das sind einfach ausgedrückt die großen Aufgaben, vor denen diese Gesellschaften stehen. Es bedarf der Macht, sie zu bewältigen.

Bild 8

Diktatoren nehmen sich Macht mit Gewalt und üben sie auch mit Gewalt aus.

Wie in den sehr alten Zeiten, als die Keule noch das stärkste Argument war.

Wir brauchen übrigens gar nicht in die Vergangenheit zurückzugehen, wenn wir Beispiele dafür finden wollen, wie Regierungen den scheinbar einfachen Weg der Gewalt gehen.

Aber ist damit dem Wohl des Volkes wirklich gedient?

Die Menschen haben sich in ihrer langen Geschichte Anderes ausgedacht, etwas ziemlich Kompliziertes, schwer Durchzuhaltendes: Die Demokratie. Wirklich – eine komplizierte Sache: alle Menschen, die in der Gesellschaft leben, sind gleichberechtigt. Es gibt Gesetze, die allen die gleichen Rechte garantieren, auf die man sich berufen kann.

Und alle Staatsgewalt geht vom Volk aus. Die Regierung, ohne die es nicht geht, hat ihre Macht weder durch Gewalt, noch durch einen Losentscheid oder auch durch Erbfolge gewonnen, sondern demokratisch durch Wahlen, an denen das ganze Volk beteiligt ist.

Allerdings gibt es da einen Haken —, und der liegt darin, daß Wahlen bei uns nur alle vier Jahre stattfinden, daß aber die Regierung sozusagen jeden Augenblick regiert. Wie steht es da in Wirklichkeit mit der Zustimmung des Volkes zu den Regierungsentscheidungen des Tages?

Ganz einfach: Die gibt es nicht!

Wenn wir wählen, dann wählen wir unsere Abgeordneten, unsere Repräsentanten, die uns sozusagen beim Regieren vertreten. Ihnen geben wir mit unseren Wählerstimmen den Auftrag, für die nächsten vier Jahre „in unserem Sinne" Politik zu machen, aber ohne daß sie uns deswegen jeden Augenblick fragen müssen.

Zum Beispiel geben wir diesen Volksvertretern auch den Auftrag, einen Bundeskanzler zu wählen. Zwar wissen wir durch den Wahlkampf, wer Bundeskanzler wird, wenn eine bestimmte Partei die Wahl gewinnt, aber tatsächlich sind es unsere Abgeordneten, die ihn dann wählen.

Bild 11

Und die Regierung: Die Minister sind auch nur in dem Fall vom Volk gewählt, wenn sie gewählte Abgeordnete im Parlament waren, was sie aber nicht unbedingt sein müssen.

Denn der von den Abgeordneten gewählte Bundeskanzler hat das Recht, sein Kabinett allein zu berufen, wobei ihm freilich unsere Volksvertreter auf die Finger schauen werden. Also: Um die Demokratie praktizierbar zu machen, wird das repräsentative Prinzip angewendet, das den Regierenden freie Hand läßt, Entscheidungen zu treffen — selbstverständlich in dem Rahmen, den das Grundgesetz vorgibt.

Fassen wir zusammen:

Alle Staatsgewalt geht vom Volk aus. Das Volk wählt Leute seine Vertrauens, seine Vertreter, und erteilt ihnen Vollmacht, vier Jahre lang Politik zu machen, ohne im einzelnen rückfragen zu müssen.

Die Volksvertreter sind auch beauftragt, den Bundeskanzler zu wählen, der seinerseits seine Regierung zusammenstellt. Das Ganze gilt für vier Jahre, dann findet die nächste Wahl statt. Dann entscheidet das Volk erneut, wer als Abgeordneter in den Bundestag einzieht.

Manche Leute meinen, Politik ginge sie wirklich nichts an. Und sie wüßten auch nichts davon, und von den Parteien hörten sie auch nur hin und wieder was, z. B. im Fernsehen.

Das ändert sich, wenn Wahlkampfzeit ist. Dann sind die Parteien plötzlich allgegenwärtig. Dann gibt es kaum mehr einen freien Fleck an den Häuserwänden, von dem nicht der Vertreter irgendeiner Partei herunterlächelt.

Und der ahnunglose Bürger fragt sich: „Wozu und warum sind die nun eigentlich da?"

Kehren wir noch einmal zu den einfachen Verhältnissen zurück:
In einer ganz kleinen Demokratie müßte es natürlich keine Parteien geben.
Aber, nehmen wir mal an, es gäbe sie doch, dann hätte die Lage den großen
Vorteil der Übersichtlichkeit: Kandidat und Wähler kennen sich. Der Kandidat
– oder nach der Wahl: der Abgeordnete – weiß über die Interessen seines
Wählers bescheid, und der Wähler kann sich darauf verlassen, daß seine Interes-
sen wirklich vertreten werden, denn darauf kommt es ja an.

Bild 14

Und so ähnlich wäre es auch in dem ganz kleinen Parlament. Jeder Redner käme zu Wort. Jeder Zwischenruf würde aufmerksam angehört.
Und wieder das wichtigste: die Interessen des ganzen Wahlvolkes kämen im Parlament zur Diskussion. Kurzum: paradiesische Verhältnisse: eine kleine Bevölkerung, in der es auch noch an nichts fehlt. Zu schön, um wahr zu sein.

Leben nun mehr Menschen in der Gesellschaft, dann wird es schon viel schwieriger, das Ganze so zu organisieren, daß niemand benachteiligt wird. Und es wird vor allem auch schwieriger, sich zu verständigen. Die Diskussion aller mit allen über die Notwendigkeit und Richtigkeit von bestimmten Entscheidungen geht ganz einfach praktisch nicht.

Deshalb werden sich in der Gesellschaft Gruppen bilden – von Leuten mit gleichen oder ähnlichen Ansichten –, und diese Gruppen werden wiederum Delegierte bestimmen, die mit den Delegierten anderer Gruppen zu verhandeln haben. Dies jedenfalls wäre der demokratische Weg, zum Ausgleich der verschiedenen Gruppeninteressen zu kommen.

Bild 16

Zum demokratischen Weg gehört unvermeidbar auch die Abstimmung. Denn Entscheidungen müssen nun einmal getroffen werden, aber es werden bestimmt nicht immer alle derselben Meinung sein. Deshalb entscheidet der Mehrheitsbeschluß. Aber: Wo nach Mehrheiten entschieden wird, müssen die Minderheiten geschützt werden. Kein Teilnehmer eines Spiels und keine Gruppe in einer Gesellschaft wird freiwillig dabeibleiben, wenn der Verlierer einer Abstimmung praktisch rechtlos wird.

In der Bundesrepublik sorgt das Grundgesetz für den Schutz der Minderheiten. Keine Regierung darf die Grundrechte mißachten, die jedem einzelnen zustehen, und das Parlament muß immer das Forum der Interessen der ganzen Gesellschaft sein und nicht nur der Gruppen, deren Partei vielleicht gerade an der Macht ist.

Die Bundesrepublik Deutschland ist ein moderner Industriestaat und keine ganz kleine paradiesische Demokratie. Statt ganz weniger leben hier sehr viele Menschen, über 60 Millionen, und es gibt vor allem auch eine Menge Probleme. Die Probleme sehen für die verschiedenen Mitglieder unserer Gesellschaft auch verschieden aus. Für Arbeiter sehen sie anders aus als für Unternehmer; für alte Menschen anders als für junge; für Spezialisten anders als für Hilfsarbeiter ohne Ausbildung; für Leute auf dem Land anders als für Leute in Industriegebieten. Es gibt — mit einem einfachen Ausdruck für ein schwieriges Ding — verschiedene Interessen in unserer Gesellschaft. Und diese Interessen wollen vertreten sein, das heißt, sie müssen an diejenigen herangetragen werden, die die politischen Entscheidungen treffen. Und das heißt: Parlament und Regierung müssen damit konfrontiert werden.
Wie erreicht man das?

Interessen organisieren sich, um Macht und damit Einfluß zu gewinnen. Was der Einzelne allein nie erreichen könnte, erreichen viele, die sich zusammenschließen.

So sind die politischen Parteien entstanden – als organisierte Vertretungen von bestimmten Gruppen in der Gesellschaft, die ein gemeinsames Interesse verband.

Das ist auch heute noch so. Aber die Programme der Parteien sind umfangreicher geworden. Große Parteien, die ja Millionen von Wählerstimmen gewinnen müssen, können nicht als Interessenvertretung einer einzigen eng umgrenzten Gruppe existieren. Sie haben sich vielmehr zu Volksparteien entwickelt und vertreten die Anliegen vieler Gruppierungen.

Sie vertreten sie, indem sie selbst das Parlament und die Regierung bilden und in der politischen Auseinandersetzung den Ausgleich zwischen den Interessengegensätzen in der Gesellschaft herbeiführen beziehungsweise erhalten.

Die Parteien sind also eine Art von Spiegeln der politischen Anschauungen in der Gesellschaft, und sie bieten sich dem Wähler zur Vertretung seiner Interessen an. Mit ihren Programmen erläutern sie dem Bürger, was für eine Art von Politik sie verfolgen werden, wenn sie in die Regierungsverantwortung gewählt worden sind oder auch als Opposition im Parlament zur Entscheidung beitragen.
Und die Parteien sagen − z. B. auf den Wahlplakaten − welche Personen ihre Politik als Abgeordnete im Parlament vertreten werden.
Der Wähler hat also die Wahl. Er kann unter den Sachprogrammen der Parteien wählen und unter den Kandidaten.
Er kann die Partei wählen, die seinen eigenen politischen Vorstellungen am nächsten kommt, die also seine Interessen voraussichtlich am besten vertreten wird.
Und er kann den Kandidaten wählen, der auf ihn den besten Eindruck macht.
Allerdings sollte der Wähler sich nicht allein auf bunte Plakate verlassen, wenn er sich seine Meinung bilden will.

Die Parteien geben gern Auskunft über sich und ihre Ziele. Es gibt vieles gedruckte Material, das man schriftlich oder telefonisch anfordern kann, und man kann schließlich auch die Wahlveranstaltungen der Parteien besuchen. Dort ist Gelegenheit, sehr konkrete Fragen zu stellen und festzustellen, ob der Kandidat tatsächlich so eindrucksvoll wirkt wie auf dem Wahlplakat.

Nur ganze 5% der Bevölkerung der Bundesrepublik sind Mitglied in einer politischen Partei. Deswegen sind die Parteien an neuen Mitgiedern, die auch zur aktiven Mitarbeit bereit sind, sehr interessiert. Und für den Bürger selbst wäre es doch eigentlich ganz sinnvoll, seine Politik nicht immer nur von anderen machen zu lassen, sondern die Sache mit in die eigenen Hände zu nehmen.
Manche politische Karriere hat übrigens mit dem Besuch einer Wahlveranstaltung angefangen.

Wer meint, nur als Bundeskanzler richtig in der Politik mitmischen zu können, der kann sich leicht ausrechnen, daß er da noch etwas warten müßte.
Wenn von den heute wahlberechtigten mehr als 40 Millionen Bürgern alle vier Jahre einer Bundeskanzler werden würde, dann hätte unser Interessent mit einer Lieferfrist von ungefähr 10 Millionen Jahren für die Ernennungsurkunde zu rechnen.

Bild 23

Mancher zieht daraus ganz traurige Konsequenzen und beschränkt sich völlig auf sogenannte bürgerliche Tugenden: Steuern zahlen – in öffentlichen Verkehrsmitteln nicht Schwarzfahren – den Hund an der Leine führen – und – wenn nicht gerade schlechtes Wetter ist – am Wahltag zur Wahl zu gehen.

Das Motto solcher Leute heißt: „Die da oben machen ja doch, was sie wollen." Die Frage ist, ob der da unten nicht genau damit zufrieden ist. Denn eigentlich läuft ja alles. Und wer keine Verantwortung trägt, kann auch nicht angegriffen werden. Und schließlich: Über Politik meckern läßt sich am besten, wenn man selbst nichts damit zu tun hat.

Aber: Wie kann man denn nun tatsächlich politisch mitwirken?

Wo wird eigentlich Politik gemacht? Wirklich nur beim Bundeskanzler und bei seiner Regierung? Und was die da machen – lassen die sich das mal eben so einfallen?

Die verantwortlichen Politiker sind die beauftragten Problemlöser für die Gesellschaft. Sie sind von den Wählern gewählt worden, damit sie sich für deren Interessen stark machen. Also sollen die Politiker für niedrigere Steuern sorgen; für einen geordneten Staatshaushalt; für die soziale Sicherheit; für die Verteidigung; für Bildung; für Kultur; für Sport. Und jede Gruppe in der Gesellschaft versucht, den Politikern klar zu machen, daß ihr Problem das wichtigste und das ihre Argumente die überzeugendsten wären.

Die Politiker haben in diesem Spiel für den Ausgleich zu sorgen. Dafür, daß der Laden läuft und daß keiner benachteiligt wird. Aber – die Politik fängt da an, wo die Probleme und Interessen, die irgendwo in der Gesellschaft auftreten, beim Namen genannt werden.

Und genau da fängt auch die politische Beteiligung des Bürgers an.

Der direkteste Weg zur politischen Mitwirkung ist der Eintritt in eine Partei. Viel zu wenige, nämlich nur rund 5% der Bürger der Bundesrepublik, machen von dieser Möglichkeit Gebrauch.
Dabei hat die Parteibasis – und damit der Bürger, der sich beteiligt – entscheidenden Einfluß auf die Aufstellung der Kandidaten zur Wahl. Und auf die politischen Entscheidungen, die seinen ganz persönlichen Umkreis betreffen – wenn es etwa um den Haushalt der Gemeinde geht, in der er lebt.

Eine andere Form politischer Beteiligung bieten die Bürgerinitiativen. Hier geht es nicht um die „große" Politik, sondern oft nur um einzelne ganz bestimmte Forderungen – zum Beispiel eben die Verlegung eines Busbahnhofs oder eine Straßenführung oder die Einrichtung eines Kindergartens.
Viele Beispiele haben gezeigt, daß engagierte Bürger wirklich etwas erreichen können – eben, weil sie engagiert sind.

Bild 27

Gerade dort, wo kommunale Politik und kommunale Verwaltung nicht mehr den richtigen Schwung haben, weil auch die meisten Bürger zu bequem sind, sich zu äußern, können Bürgerinitiativen eine besonders ermunternde Wirkung haben.

Bild 28

Allerdings kommt es immer auf die Initiative und den Einsatz an. Deswegen haben es weder die Parteien noch die Bürgerinitiativen leicht, aktive Mitglieder zu gewinnen.

Es gibt gute Gründe − Familie und Beruf − und auch weniger gute Gründe − etwa eben Bequemlichkeit und Passivität −, die viele von solcher politischen Arbeit abhalten.

Bild 29

Wenn bei öffentlichen Großveranstaltungen der Redner sich an die Regierung wendet und laut und deutlich eine Forderung erhebt – zum Beispiel nach Arbeitsplätzen –, und wenn dann 100.000 Leute dabei sind und zeigen, daß sie genauso denken, dann weiß die angesprochene Regierung, daß 100.000 Wähler sehr aufmerksam darauf achten werden, was bis zur nächsten Wahl in puncto Arbeitsplätzen geschieht.

Die Teilnahme an solchen Veranstaltungen ist eine ziemlich einfache, aber sehr wirkungsvolle Form politischer Beteiligung für den Einzelnen.

Bild 30

Der Abgeordnete, der im Wahlkreis für vier Jahre gewählt worden ist, möchte gern wiedergewählt werden. Die Wählerstimmen, die er dafür braucht, muß er sich durch entsprechende Leistungen verdienen. Er hört daher sehr aufmerksam zu, wenn ihm die Bürger etwas zu sagen haben. Und je mehr Bürger ihm per Brief oder per Telefon oder auch auf öffentlichen Veranstaltungen klarmachen, wo es ein bestimmtes Problem gibt, um das er sich als Vertreter der Bürger kümmern müßte, desto größer wird sein Einsatz sein.

Auch auf diese Weise kann sich also der einzelne Bürger politisch betätigen, wenn er Probleme in seinem Umkreis erkennt, die politisch gelöst werden können.

Politiker sind die vom Volk beauftragten Problemlöser. Daran muß man sie mitunter erinnern. Aber der nächste Wahltag kommt bestimmt, und dann werden die Politiker an ihren eigenen Leistungen und an denen ihrer Partei gemessen.

Wählen ist also zwar die allereinfachste, aber eine höchst wirkungsvolle Möglichkeit für den Einzelnen, sich politisch zu betätigen. Zumindest darauf sollte wirklich niemand verzichten, wenn er keine der anderen Möglichkeiten nutzen kann. Oder: Die da oben vergessen tatsächlich allmählich, was die da unten wollen.

Aktives und passives Wahlrecht

Wahlberechtigt

sind alle Deutschen,
(im Sinne des Art. 116 Abs. 1
des Grundgesetzes),
die das 18. Lebensjahr
vollendet und seit mindestens
drei Monaten Wohnung
oder gewöhnlichen Aufenthalt
im Wahlgebiet haben.

Wählbar

ist, wer das 18. Lebensjahr
vollendet hat
und seit mindestens 1 Jahr
Deutscher (im Sinne des
Art. 116 Abs. 1
des Grundgesetzes ist.

Aus dem Bundeswahlgesetz:

§ 12
Wahlrecht

(1) Wahlberechtigt sind alle Deutschen im Sinne des Artikels 116 Abs. 1 des Grundgesetzes, die am Wahltage
1. das achtzehnte Lebensjahr vollendet haben,
2. seit mindestens drei Monaten im Geltungsbereich dieses Gesetzes eine Wohnung innehaben oder sich sonst gewöhnlich aufhalten,
3. nicht nach § 13 vom Wahlrecht ausgeschlossen sind.
(2) Wahlberechtigt sind bei Vorliegen der sonstigen Voraussetzungen auch Beamte, Soldaten, Angestellte und Arbeiter im öffentlichen Dienst, die auf Anordnung ihres Dienstherrn außerhalb des Geltungsbereiches dieses Gesetzes eine Wohnung innehaben oder sich sonst gewöhnlich aufhalten, sowie die Angehörigen ihres Hausstandes. Bei Rückkehr in den Geltungsbereich dieses Gesetzes gilt die Dreimonatsfrist des Absatzes 1 Nr. 2 nicht.
(3) Wohnung im Sinne dieses Gesetzes ist jeder umschlossene Raum, der zum Wohnen oder Schlafen benutzt wird. Wohnwagen und Wohnschiffe sind jedoch nur dann als Wohnungen anzusehen, wenn sie nicht oder nur gelegentlich fortbewegt werden.
(4) Sofern sie im Geltungsbereich dieses Gesetzes keine Wohnung innehaben, gilt als Wohnung im Sinne des Absatzes 1 Nr. 2
1. für Seeleute sowie für die Angehörigen ihres Hausstandes das von ihnen bezogene Schiff, wenn dieses nach dem Flaggenrechtsgesetz vom 8. Februar 1951 (Bundesgesetzbl. 1 S. 79), zuletzt geändert durch das Konsu-

largesetz vom 11. September 1974 (Bundesgesetzbl. 1 S. 2317), die Bundesflagge zu führen berechtigt ist,
2. für Binnenschiffer sowie für die Angehörigen ihres Hausstandes das von ihnen bezogene Schiff, wenn dieses in einem Schiffsregister im Geltungsbereich dieses Gesetzes eingetragen ist,
3. für im Vollzug gerichtlich angeordneter Freiheitsentziehung befindliche Personen sowie für andere Untergebrachte die Anstalt oder die entsprechende Einrichtung.

§ 13
Ausschluß vom Wahlrecht

Ausgeschlossen vom Wahlrecht ist,
1. wer infolge Richterspruchs das Wahlrecht nicht besitzt,
2. wer entmündigt ist oder wegen geistigen Gebrechens unter Pflegschaft steht, sofern er nicht durch eine Bescheinigung des Vormundschaftsgerichts nachweist, daß die Pflegschaft auf Grund seiner Einwilligung angeordnet ist,
3. wer nach § 63 des Strafgesetzbuches in einem psychiatrischen Krankenhaus untergebracht ist,
4. wer infolge Richterspruchs auf Grund landesrechtlicher Vorschriften wegen Geisteskrankheit oder Geistesschwäche nicht nur einstweilig in einem psychiatrischen Krankenhaus untergebracht ist.

§ 15
Wählbarkeit

(1) Wählbar ist, wer am Wahltage
1. seit mindestens einem Jahr Deutscher im Sinne des Artikels 116 Abs. 1 des Grundgesetzes ist und
2. das achtzehnte Lebensjahr vollendet hat.
(2) Nicht wählbar ist,
1. wer nach § 13 vom Wahlrecht ausgeschlossen ist,
2. wer infolge Richterspruchs die Wählbarkeit oder die Fähigkeit zur Bekleidung öffentlicher Ämter nicht besitzt oder
3. wer, ohne die deutsche Staatsangehörigkeit zu besitzen, Deutscher im Sinne des Artikels 116 Abs. 1 des Grundgesetzs ist und diese Rechtstellung durch Ausschlagung der deutschen Staatsangehörigkeit nach dem Gesetz zur Regelung von Fragen der Staatsangehörigkeit vom 22. Februar 1955 (Bundesgesetzbl. 1 S. 65) erlangt hat.

Stimmzettel

Aus dem Bundeswahlgesetz:

§ 30
Stimmzettel

(1) Die Stimmzettel, die zugehörigen Umschläge und die Wahlbriefumschläge (§ 36 Abs. 1) werden amtlich hergestellt.

(2) Der Stimmzettel enthält

1. für die Wahl in den Wahlkreisen die Namen der Bewerber der zugelassenen Kreiswahlvorschläge, bei Kreiswahlvorschlägen von Parteien außerdem die Namen der Parteien und, sofern sie eine Kurzbezeichnung verwenden, auch diese, bei anderen Kreiswahlvorschlägen außerdem das Kennwort,

2. für die Wahl nach Landeslisten die Namen der Parteien und, sofern sie eine Kurzbezeichnung verwenden, auch diese, sowie die Namen der ersten fünf Bewerber der zugelassenen Landeslisten.

(3) Die Reihenfolge der Landeslisten von Parteien, die im letzten Deutschen Bundestag vertreten waren, richtet sich nach der Zahl der Zweitstimmen, die sie bei der letzten Bundestagswahl im Land erreicht haben. Die übrigen Landeslisten schließen sich in alphabetischer Reihenfolge der Namen der Parteien an. Die Reihenfolge der Kreiswahlvorschläge richtet sich nach der Reihenfolge der entsprechenden Landeslisten. Sonstige Kreiswahlvorschläge schließen sich in alphabetischer Reihenfolge der Namen der Parteien oder der Kennwörter an.

§ 34
Stimmabgabe mit Stimmzetteln

(1) Gewählt wird mit amtlichen Stimmzetteln in amtlichen Umschlägen.

(2) Der Wähler gibt

1. seine Erststimme in der Weise ab, daß er durch ein auf den Stimmzettel gesetztes Kreuz oder auf andere Weise eindeutig kenntlich macht, welchem Bewerber sie gelten soll,

2. seine Zweitstimme in der Weise ab, daß er durch ein auf den Stimmzettel gesetztes Kreuz oder auf andere Weise eindeutig kenntlich macht, welcher Landesliste sie gelten soll.

Siehe ergänzend auch § 35 (Wahlgeräte) und 36 (Briefwahl).

Wer erhält welche Stimmen?

Aus dem Bundeswahlgesetz:

§ 5

Wahl in den Wahlkreisen

In jedem Wahlkreis wird ein Abgeordneter gewählt. Gewählt ist der Bewerber, der die meisten Stimmen auf sich vereinigt. Bei Stimmengleichheit entscheidet das vom Kreiswahlleiter zu ziehende Los.

§ 6

Wahl nach Landeslisten

(1) Für die Verteilung der nach Landeslisten zu besetzenden Sitze werden die für jede Landesliste abgegebenen Zweitstimmen zusammengezählt. Nicht berücksichtigt werden dabei die Zweitstimmen derjenigen Wähler, die ihre Erststimme für einen im Wahlkreis erfolgreichen Bewerber abgegeben haben, der gemäß § 20 Abs. 3 oder von einer Partei, für die in dem betreffenden Lande keine Landesliste zugelassen ist, vorgeschlagen ist. Von der Gesamtzahl der Abgeordneten (§ 1 Abs. 1) wird die Zahl der erfolgreichen Wahlkreisbewerber abgezogen, die in Satz 2 genannt oder von einer Partei nach Absatz 4 nicht zu berücksichtigen Parteien vorgeschlagen sind. Die verbleibenden Sitze werden auf die Landeslisten im Verhältnis der Summen ihrer nach den Sätzen 1 und 2 zu berücksichtigenden Zweitstimmen im Höchstzahlverfahren d'Hondt verteilt. Über die Zuteilung des letzten Sitzes entscheidet bei gleichen Höchstzahlen das vom Bundeswahlleiter zu ziehende Los.

118

(2) Von der für jede Landesliste so ermittelten Abgeordnetenzahl wird die Zahl der von der Partei in den Wahlkreisen des Landes errungenen Sitze abgerechnet. Die restlichen Sitze werden aus der Landesliste in der dort festgelegten Reihenfolge besetzt. Bewerber, die in einem Wahlkreis gewählt sind, bleiben auf der Landesliste unberücksichtigt. Entfallen auf eine Landesliste mehr Sitze als Bewerber benannt sind, so bleiben diese Sitze unbesetzt.

(3) In den Wahlkreisen errungene Sitze verbleiben einer Partei auch dann, wenn sie die nach Absatz 1 ermittelte Zahl übersteigen. In einem solchen Falle erhöht sich die Gesamtzahl der Sitze (§ 1 Abs. 1) um die Unterschiedszahl; eine erneute Berechnung nach Absatz 1 findet nicht statt.

(4) Bei Verteilung der Sitze auf die Landeslisten werden nur Parteien berücksichtigt, die mindestens 5 vom Hundert der im Wahlgebiet abgegebenen gültigen Zweitstimmen erhalten oder in mindestens drei Wahlkreisen einen Sitz errungen haben. Satz 1 findet auf die von Parteien nationaler Minderheiten eingereichten Listen keine Anwendung.

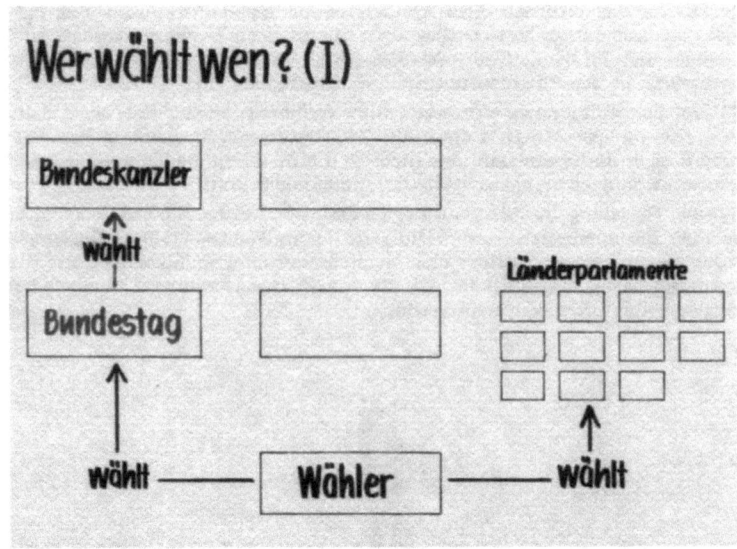

Der Bundeskanzler

Der Bundeskanzler wird auf Vorschlag des Bundespräsidenten vom Bundestag gewählt und anschließend vom Bundespräsidenten ernannt. In der Auswahl des Bundeskanzlers ist der Bundespräsident frei; er muß allerdings des Vertrauens der Bundestagsmehrheit gewiß sein. Die Wahl erfolgt ohene Aussprache.
Gewählt ist der Vorgeschlagene, wenn er die *absolute Mehrheit* der Stimmen erhält. Erhält er diese Mehrheit nicht, so kann der Bundestag innerhalb von zwei Wochen danach einen anderen, von ihm selbst ausgewählten Bundeskanzler mit absoluter Mehrheit wählen. Kommt diese Wahl nicht zustande, so findet unverzüglich eine Wahl statt, bei welcher die einfache (relative) Mehrheit der Stimmen entscheidet. Erhält dabei der Gewählte weniger als die absolute Mehrheit, hat der Bundespräsident binnen sieben Tagen entweder ihn zu ernennen oder den Bundestag aufzulösen.
Konstruktives Mißtrauensvotum:
Der Bundestag kann den Bundeskanzler auf dem Weg des *konstruktiven Mißtrauensvotums* abwählen. Er muß dabei den amtierenden Bundeskanzler mit abosluter Mehrheit abwählen und zugleich einen neuen Bundeskanzler wählen.

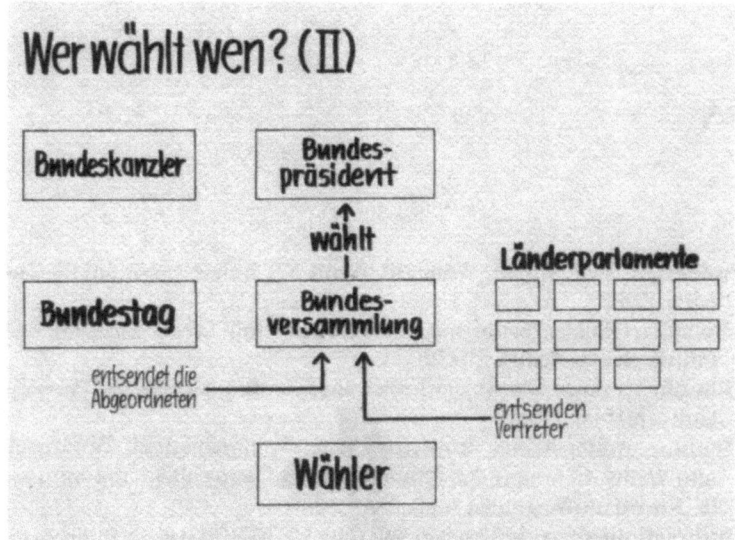

Der Bundespräsident

Die Wahl des Bundespräsidenten wird ohne Aussprache von der *Bundesversammlung* vorgenommen. Diese besteht aus den Mitgliedern des Bundestages und der gleichen Anzahl von Mitgliedern, die von den Volksvertretern der Länder nach den Grundsätzen der Verhältniswahl gewählt werden. Im Gegensatz zum Bundespräsidenten wurde der *Reichspräsident* der Weimarer Republik direkt vom Volk gewählt. Diese plebiszitäre Element der Weimarer Verfassung wurde ins Grund

Republik direkt vom Volk gewählt. Dieses plebiszitäre Element der Weimarer Verfassung wurde ins Grundgesetz der Bundesrepublik nicht übernommen.

Die Zusammensetzung des Wahlorgans, der Bundesversammlung, bedeutet, daß sowohl die politischen Mehrheitsverhältnisse im Bundestag wie die in den einzelnen Landtagen von entscheidender Bedeutung für die Bundespräsidentenwahl sind.

Zum Bundespräsidenten wählbar ist jeder wahlberechtigte Deutsche, der das 40. Lebensjahr vollendet hat.

Gewählt ist, wer die *absolute Mehrheit* der gesetzlichen Mitglieder der Bundesversammlung erhält. Wird diese Mehrheit in zwei Wahlgängen von keinem Bewerber erreicht, so ist gewählt, wer in einem weiteren Wahlgang die meisten Stimmen auf sich vereinigt, also die relative Mehrheit erreicht.

Verwendete und empfohlene Literatur

Andersen, Uwe/Woyke, Wichard: Wahl '83, Bundestagswahl 83. Opladen 1983.

Drechsler/Hilligen/Neumann, Gesellschaft und Staat. Lexikon der Politik. Baden-Baden [5] 1979.

Ellwein, Thomas: Das Regierungssystem der Bundesrepublik Deutschland, Opladen [3] 1973.

Gensior, Walter/Krieg, Volker: Kleine Wahlrechtsfibel. Wahlrecht und Wahlverfahren in der Bundesrepublik Deutschland und im Lande Nordrhein-Westfalen. Opladen [3] 1980.

Informationen zur politischen Bildung Nr. 163 I (Hrsg.): Bundeszentrale für Politische Bildung, Bonn.

Just/Romain, Auf der Suche nach dem mündigen Wähler. Die Wahlentscheidung 1972 und ihre Konsequenzen. Bonn 1974.

Kaltefleiter, Werner: Vorspiel zum Wechsel. Eine Analyse der Bundestagswahl 1976. Berlin 1977.

Landeszentrale für politische Bildung Nordrhein-Westfalen (Hrsg.): Demokratie als Teilhabe. Köln 1981.

Model/Creifelds, Staatsbürger-Taschenbuch. München [17] 1978.

Model/Müller, Grundgesetz für die Bundesrepublik Deutschland. Taschenkommentar für Studium und Praxis. Köln [9] 1981.

Nohlen, Dieter: Wahlsysteme der Welt. Daten und Analysen. Ein Handbuch. München/Zürich 1978.

Radunski, Peter, Wahlkämpfe. München/Wien. 1980.

Raschke, Joachim: Wahlen und Wahlrecht. Berlin 1968.

Sontheimer, Kurt/Röhring, Hans-Helmut: Handbuch des politischen Systems der Bundesrepublik Deutschland. München 1977.

Vogel, Bernhard/Nohlen, Dieter/Schultze, Rainer-Olaf: Wahlen in Deutschland. Theorie — Geschichte — Dokumente 1848—1970. Berlin/New York 1971.

Woyke, Wichard/Udo Steffens, Stichwort: Wahlen. Opladen [3] 1981.

Stichwortregister